w. Kümmel

Die Wasserkunst in Altona

w. Kümmel

Die Wasserkunst in Altona

ISBN/EAN: 9783743317598

Hergestellt in Europa, USA, Kanada, Australien, Japan

Cover: Foto ©Thomas Meinert / pixelio.de

Manufactured and distributed by brebook publishing software
(www.brebook.com)

w. Kümmel

Die Wasserkunst in Altona

Die

Wasserkunst in Altona.

Bearbeitet

und mit Genehmigung

des Verwaltungsrathes der Gas- und Wasser-Gesellschaft in Altona

herausgegeben

von

W. Kümmel.

Ingenieur.

Mit vier Blatt Zeichnungen.

⁂

HAMBURG.

PERTHES-BESSER & MAUKE,

1861.

Vorwort.

Von vielen Seiten aufgefordert, über die in den letzten Jahren erbauten Anlagen der Wasserkunst in Altona den vielen Besuchern einen Wegweiser, den Technikern und sonst bei der Anlage ähnlicher Wasserwerke Interessirten, eine genauere Beschreibung zugänglich zu machen, habe ich mich gerne entschlossen, dem ausgesprochenen Wunsche zu entsprechen, indem ich die nachfolgenden Blätter der Oeffentlichkeit übergebe. Seit der Zeit ihrer Entstehung ist jetzt fast ein Jahr verflossen, indem theils durch meine Abwesenheit vom Druckorte, theils durch meine sehr in Anspruch genommene Zeit, die Herstellung der Tafeln und des Druckes sich ungewöhnlich verzögert hat. Trotzdem habe ich, nach wiederholtem Besuche der Anlagen, jetzt da ich ihnen ferner stehe, auch wohl mit weniger befangenem Blicke urtheilend, keine Aenderungen des Textes vornehmen mögen, ich finde das dort gesagte bis jetzt völlig bestätigt, namentlich in Beziehung auf die Mängel des Saugrohrs und des Saugkastens in der Elbe; in diesem Frühjahre waren beide ziemlich mit Sand gefüllt, der sich freilich entfernen liess, jedoch nicht ohne unerhebliche Kosten, und würde für ähnliche Anlagen die hier gewählte Anordnung keineswegs empfohlen werden können.

Um so erfreulicher hat sich dagegen alles übrige in längerer Praxis bewährt, namentlich in Beziehung auf die Leistungen der Maschinen, den Erfolg der Reinigung des Wassers und der Sicherheit der Wasserversorgung; die Bassins auf Bauersberg und das Noth-Reservoir in Altona haben sich in jeder Beziehung tadellos gehalten.

Sollte diese Beschreibung einer zweckmässig und schön angelegten Wasserkunst mit dazu wirken, die in vielen deutschen Städten sich regenden Wünsche für ähnliche Anlagen zu fördern und ihrer Befriedigung näher zu führen, so würde ihr Verfasser darin den besten Lohn seiner Arbeit finden. Letztere ist ihm in jeder Weise gefördert durch das gefällige Entgegenkommen des Verwaltungsrathes und seines früheren Chefs, Herrn W. Lindley, welchen ich meinen besten Dank aussprechen möchte. Die Herren Verleger haben das ihrige, durch die schöne Ausführung der Tafeln, gethan, welche bei dem kleinen Maassstabe der Deutlichkeit wegen dringend geboten war. Es liess sich ein näheres Eingehen auf die Details nicht wohl thun, ohne die Zahl der Tafeln wesentlich zu vermehren, und habe ich desshalb in der Beschreibung dem Techniker die Dimensionen möglichst vollständig gegeben.

Hildesheim, im August 1861.

W. Kümmel.

Altona, die grösste Stadt des Herzogthums Holstein, mit etwa 45,500 Einwohnern, be-
kannt durch ihren Handel und bedeutende Fabriken, liegt am Ufer der Elbe, in unmittelbarer
Nähe der freien Stadt Hamburg, von deren Vorstadt St. Pauli nur durch den s. g. Grenzgraben getrennt. Durch die Aufnahme verschiedener Confessionen, welche an anderen Orten nicht geduldet
wurden, und durch die Ansiedelung tüchtiger, dem starren Zunftwesen Hamburgs abgeneigter
Handwerker gehoben, wurde das ursprünglich von Ottensen aus gebaute Fischerdorf nach kaum
zwei Jahrhunderten der Nachbarstadt ein Stein des Anstosses; die Tradition schreibt den Ur-
sprung des Ortsnamens dem Zorne der Zünftler zu, welche ihn „All too nah" (All zu nahe) fanden, wenn der Name nicht von dem Grenzbache gegen Hamburg, der „alten Aue" herrührt.
Während der Kriege Karls des XII. von Schweden wurde Altona, welches am 23. August 1664
das Stadtrecht erhalten hatte, das Opfer der Grausamkeit des schwedischen Generals Steenbork,
welcher, aus Rache für die von den Dänen an Stade verübten Brandstiftung, die wehrlose Stadt
in der stürmischen Winternacht vom 8.9. Januar 1713 in Brand stecken und total verwüsten liess;
die obdachlosen Einwohner, von den Hamburgern bestens unterstützt, bauten sich an der alten
Stelle wieder an, und Altona erstand bald in früherer Wohlhabenheit aus der Asche. Dieser Zeit
entstammt der grösste Theil der Stadt, besonders kenntlich an der Einförmigkeit seiner aus Ziegel-
steinen massiv oder mit Ständerwerk erbauten niedrigen Häuser, deren durch Maueranker bezeich-
nete Erbauungsjahre stets die nächsten nach dem grossen Brande sind. Diesen schliessen sich an
der West- und Nordseite die zahlreichen Neubauten dieses Jahrhunderts an, welche, namentlich in
der Palmaille, wirkliche Kunstwerke sind, meistentheils jedoch in den beschränkten Massen der
Mittelstädte aufgeführt sind. Die Strassen der neuen Stadttheile sind breit und gerade, mit schöner
Regelmässigkeit angelegt, während die alten Stadtquartiere fast nur enge und krumme Strassen
haben, ein Uebelstand, der bei dem lebhaften Verkehr dieser Gegenden doppelt fühlbar ist. Als
characteristisch für die Bauweise in Altona ist die Vorliebe für Häuser mit Gärten zum Bewohnen
einer einzigen Familie, im Gegensatze zu den hohen 4-Geschoss-Häusern der Nachbarstadt, welche
derselben freilich ein weit stattlicheres, grossstädtisches Ansehen geben.

Altona liegt fast in seiner ganzen Ausdehnung auf s. g. Geestlande, solchem hochliegen-
den Terrain, welches die höchsten Fluthen der Elbe nicht überschwemmen; ein schmales Vorland,
namentlich der Fischmarkt und die grosse und kleine Elbstrasse, ist solchen Ueberfluthungen
ausgesetzt, wenn durch starke westliche und nordwestliche Stürme das Wasser der Elbe bis zu
aussergewöhnlicher Höhe aufgestaut wird. Die Fluth, täglich zweimal mit der Ebbe wechselnd,
geht weit über Altona hinaus und hängt in Beziehung auf ihre Höhe ganz von Wind und Wetter
ab; die höchste bisher beobachtete Sturmfluth vom 21. Februar 1826 war 20 Fuss 8 Zoll Hbg. über
Null*), die niedrigste Ebbe vom 4 .December 1860 4 Fuss 4½ Zoll unter Null, die mittlere durchschnittliche Differenz beider beträgt etwa 6 Fuss.

---

*) Hamburger Null wird die Höhe genannt, welche das durchschnittliche Niedrigwasser (Ebbe) bezeichnet und
von dem früheren hamburger Wasserbau-Director Woltmann festgesetzt ist. Trotzdem die Nachfolger desselben die Richtig-
keit des Punktes als mittleren Ebbestand bezweifeln, gilt diese Höhe in hiesiger Gegend allgemein als Basis für alle Höhen-
bestimmungen, auf welche sich auch die in folgendem angegebenen Höhen beziehen.

Etwa 1 Meile oberhalb Altona's theilt sich die Elbe in zwei Arme, die Norder- und Süder-Elbe, von welchen der erstere, bei Rothenburgsort und Hamburg vorbeifliessend, vor Altona sich mit dem grössten Nebenarme der letzteren, dem Köhlbrande, und weiter bis Blankenese sich mit den vielen Auszweigungen der Süder-Elbe wieder vereinigt, und von hier aus gemeinschaftlich der Nordsee zufliesst. Die vielen zwischen den Elbarmen liegenden Inseln sind Alluvialbildungen, welche sich in dem früher sehr breiten Flussbette abgelagert haben. Das eigentliche alte Elbufer, die Geest, welche östlich von Hamburg bei Hamm und Horn weit von dem jetzigen Elbbette abliegt, tritt schon in Hamburg mit der Elbhöhe bis nahe an dieses heran, und folgt von hier dem Flusslaufe durch St. Pauli, Altona und weiter westlich bis Teufelsbrück, wird hier durch ein tiefes Thal durchschnitten, und steigt dann wieder allmählich bis Blankenese; hier erreicht sie in einzelnen, durch tiefe Thäler getrennten Bergen ihre grösste Höhe, und fällt darauf in der Gegend von Schulau-Wedel, 2 Meilen unterhalb Altona, in die grosse holsteinische Marsch. Der Abfall der Geest gegen die Elbe ist im Ganzen sehr steil, während sie gegen das Land sich sanft abdacht, und mit vielen Vorbergen in die Ebene verläuft. Der höchste Punkt in Altona ist in der Nähe des Bahnhofes, 114 Fuss über Null, der niedrigste auf dem Fischmarkte (Elbbrücke) 13,5 Fuss über Null, während die höchste Geestkuppe, der Bauersberg bei Blankenese, 320 Fuss über Null liegt.

Wassermangel
der Geest Die Geest des rechten Elbufers besteht zum grössten Theile aus grobem gelbem, mit Kies und Steinen gemischtem Sande, welcher mit Lehmschichten durchsetzt ist, die gegen die Elbe abfallend, an vielen Stellen der hohen Geest, oft mit grosser Mächtigkeit zu Tage kommen. Diese Lehmschichten sammeln die durch den obern Sand sickernden atmosphärischen Niederschläge, und führen sie am Elbufer als Quellen zu Tage; sie gestatten es auch, auf dem sonst ganz wasserarmen Terrain durch tiefgebohrte Brunnen ein freilich nur spärliches Quellwasser zu sammeln, und für den Bedarf der Bewohner verwenden zu können. Die Ergiebigkeit der Quellen und Brunnen hängt bei dem gänzlichen Mangel eines höheren Hinterlandes, von der Menge des täglichen Niederschlages ab, und muss natürlich bei längerer regenloser Zeit bedeutend nachlassen. Während sich in trockenen heissen Sommern das Bedürfniss einer reichlichen Wasserversorgung wesentlich steigert, nimmt im Gegentheil der Quell der Entnahme täglich ab, wie die beiden Jahre 1858/59 bewiesen haben, in denen der grösste Theil der Brunnen ganz oder nahezu versiegt war. Aber selbst bei reichlichem Vorrathe an Quellwasser machte eine Eigenschaft dasselbe zu vielen Verbrauchszwecken nahezu unbrauchbar; es enthält ziemlich viel aufgelöste Mineralien, welche es hart machen, so dass es zum Kochen mancher Speisen und zum Waschen eines anderweitig zu erlangenden weichen Wassers bedurfte. Um dieses zu liefern und zugleich dem allgemeinen Wassermangel abzuhelfen, hat es schon lange den Erwerb einiger Leute gebildet, mit Wasser zu hausiren, welches sie der Elbe entnahmen; das Elbwasser ist an und für sich fast chemisch rein, das ist frei von mineralischen und vegetabilischen Substanzen, und ist also weich, jedoch ist es so, wie es sich bei Altona vorfindet, durch die Schmutzabflüsse der beiden Städte, namentlich durch das etwa 4000 Fuss oberhalb der Grenze einmündende hamburger Sielsystem dermassen verunreinigt, dass der Gebrauch desselben zu häuslichen Zwecken im höchsten Grade widerlich ist. Nur dem Mangel einer ausreichenden besseren Versorgung ist es zuzuschreiben, dass die Bewohner Altona's dieses schmutzige Wasser trotzdem lange Jahre benutzt haben.

Gefahr bei
Feuersbrünsten Neben diesen Uebelständen für die häusliche Wasserversorgung ist auch die Gefahr eine grosse, welche der Mangel an Wasser bei entstehenden Feuersbrünsten herbeiführen musste; wurde ein Feuer nicht gleich im Entstehen entdeckt und gelöscht, so war bei dem geringen zu Gebote stehenden Wasservorrathe und der Schwierigkeit der Heranschaffung zur Brandstelle an das Retten des brennenden Hauses kaum zu denken, es musste sich alle Sorgfalt auf die Erhaltung der Nachbarhäuser wenden, und selbst diese war fast immer nur durch ausserordentlichen Aufwand von Menschenkräften und Wassertransportmitteln zu erreichen. Zweckmässige Löschanstalten und die oft bewiesene Aufopferung der Altonaer, wenn es galt zu helfen, haben dies freilich in allen Fällen ermöglicht, jedoch waren die Löschkosten und Brandschäden stets sehr bedeutend. Unter der alljährlich sehr grossen Zahl von Bränden war ein nicht kleiner Theil einer böswilligen Brandstiftung so verdächtig, dass es nur der Langsamkeit und Beschwerlichkeit in der Herbeischaffung des nöthigen Wassers, und der dadurch verzögerten Löscharbeiten zuzuschreiben ist, wenn die Spuren des Verbrechens durch die rasch um sich greifenden Flammen vernichtet wurden, und so das Hauptindicium gegen den Brandstifter wegfiel.

Die Tage des grossen Brandes von Hamburg, 5.—9. Mai 1842, waren auch für Altona Hamburger Brand eine ernste Lehre, sich nicht allzufest auf die Vortrefflichkeit der Löschanstalten zu verlassen, welche in gewöhnlichen Fällen wohl ihre Dienste thun konnten, in ausserordentlichen aber noch viel unzureichender sein mussten, als die Hamburger, welche wenigstens in einem grossen Theile der Stadt durch die Fleethe und die Alster gewöhnlich mit Wasser versorgt waren, und doch durch das Zusammentreffen unglücklicher Umstände dem Feuer hatten keinen Damm setzen können, so dass ein Fünftel der Stadt in Trümmern lag. Für Altona hätte eine ähnliche Catastrophe noch viel schlimmere Folgen haben können; nach der Gräuelthat des Generals Steenbock ist sie zum Glück davor gewahrt geblieben. Der Nachbarstadt war die schwere Lehre zum Nutzen; sie fing den Neubau damit an, ihre Löschanstalten zu verbessern, namentlich dadurch, dass sie auf städtische Kosten ein grossartiges Wasserwerk errichtete, welches mit einer solchen Sicherheit, wie eben zur Feuerlöschung nöthig ist, zu jeder Zeit grosse Wassermassen an jeden bedrohten Punkt liefern kann, und dieses Wasser nicht allein bis auf die Strassen, sondern bis in die höchsten Stockwerke der Häuser, ja mit einem starken Strahle noch über diese hinaus zu treiben im Stande ist. Dieser constante Wasservorrath, verbunden mit den ebenso einfachen, wie zweckmässigen Anlagen zur Feuerlöschung, den Nothposten, verminderte die Zahl und den Umfang der Brände in solchem Masse und reducirte zugleich die Löschkosten und Brandschäden so wesentlich, dass sich sehr bald auch in Altona der Wunsch rege machte, ähnlicher Vortheile theilhaftig zu werden.

Die Hamburger Wasserkunst war Ende 1848 in vollen Betrieb gesetzt. zu einer Zeit, Erste Schritte zur Erbauung der Wasserkunst als durch die schleswig-holsteinische Erhebung die finanziellen Kräfte des ganzen Landes sehr in Anspruch genommen waren und für öffentliche Anlagen nur das allerunentbehrlichste geschehen konnte, bis endlich nach Abzug der Occupationstruppen und Aufhören der ausserordentlichen Kriegslasten der erste Schritt zur Realisirung einer besseren Wasserversorgung gethan wurde, gemeinschaftlich mit denen zur Verbesserung der sehr mangelhaften Strassenbeleuchtung. Altona war auch in dieser Beziehung noch weit hinter viel kleineren Städten zurück und wurde mit Oellampen an solchen Tagen beleuchtet, an denen der Kalender keinen Mondschein anzeigte, da ein älteres Project einer Privat-Gesanstalt nicht über die ersten Stadien des Projectes hinausgekommen und vergessen war. Die städtischen Collegien beriethen nunmehr über die Mittel zur Ausführung beider Anlagen und beschlossen, dieselben nicht auf städtische Kosten ausführen und betreiben, sondern beide der Privatspeculation zu überlassen; sie setzten demgemäss die Bedingungen fest, unter welchen die Stadt Altona die Erleuchtung mittelst Steinkohlengas und die Versorgung mit gereinigtem Elbwasser an einen Uebernehmer vergeben wollte, und schrieben darauf zu diesem Behufe eine öffentliche Concurrenz aus.

In Folge dieser Aufforderung bewarben sich die Herren G. L. Stuhlmann und Abschluss des Contracts. J. S. Lowe aus Altona, der erstere Besitzer einer Kalkbrennerei am Elbufer, unter Rainville's Garten belegen, um die Uebernahme dieser Anstalten, und mit Erfolg; zwischen ihnen und den städtischen Collegien fanden mehrfache Verhandlungen statt, in welchen die Bedingungen der Uebernahme genau formulirt und städtischerseits am 30. November 1853 genehmigt wurden, worauf am 9. August 1854 der Contract zum Abschluss kam, welcher die obigen Herren als Unternehmer der Gas- und Wasseranlagen bestätigte, und im Auszuge in Anlage A beigefügt ist. Noch in demselben Jahre trat Herr Lowe zurück, und wurde durch die Ingenieure N. D. und E. E. Goldsmid in Haag und Paris ersetzt, welche, der letztere als Theilnehmer der Firma York & Co. in Paris, bereits grössere Bauten übernommen und ausgeführt hatten.

Das Bemühen der neuen Uebernehmer, eine Actiengesellschaft für die beiden Anlagen Bildung der Gesellschaft. zu Stande zu bringen, war erfolglos; sie traten vielmehr ihre Gerechtsame an drei Banquierhäuser resp. in Altona und Hamburg ab, auf deren Veranlassung sich zur Herstellung der Anlagen, sowie zur Bildung einer Actiengesellschaft, ein Verwaltungsrath von fünf Altonaern constituirte. Das

1*

Erste war, dass Herr Stuhlmann sein an der Elbe belegenes Grundstück für die beiden Anstalten abtrat, wogegen der mit den Herren York & Co. geschlossene Accord über die Bauausführung übernommen werden musste. In Uebereinstimmung mit der städtischen Concession sollten die Bauübernehmer auf dem früher Stuhlmann'schen Platze an der Elbe, nach seiner Regulirung einen Flächeninhalt von etwa 61,700 ☐Fuss enthaltend, eine steinerne Quai- oder Vorsetzenmauer gegen die Elbe, zur Sicherung gegen Fluthen, und ausser den zur Erzeugung, Reinigung und Sammlung des Steinkohlengases erforderlichen Retorten-, Condensations- und Reinigungsanlagen, Gasometer, Kohlenlager u. s. w., für die Wasserkunst im Besonderen ein Bassin von 90,000 Cubikfuss Inhalt für das Ablagern des Wassers, ein kleineres Bassin für filtrirtes Wasser mit den nöthigen Anlagen zum Filtriren, und endlich zwei Pumpenmaschinen liefern und herstellen, welche das Wasser in einem Thurme bis zur Höhe von 170 Fuss über ordinaire Fluth heben und so mit Druck in die städtischen Leitungen treiben könnten. Das Wasser war, der Concession gemäss, in der letzten Stunde der Fluth der Elbe zu entnehmen, in welcher es durch die alsdann oberhalb Hamburgs getriebenen Schmutzausflüsse am wenigsten verunreinigt ist, und nach der Ablagerung durch Thonplatten oder auf ähnliche Weise zu filtriren, um es in möglichst reinem Zustande zu liefern.

Auf Grund dieses Contractes wurde der Bau im Frühjahre 1855 begonnen, zunächst mit der Ausführung der lange der Elbe auszuführenden Vorsetzenmauer; es erhoben sich jedoch gleich bei dem Verwaltungsrathe so bedeutende Bedenken, ob die Anlage in der vorgeschlagenen Weise, theils wegen der ungenügenden Grösse des Platzes, namentlich aber wegen der Lage der Wasserentnahme dicht unterhalb der beiden volkreichen Städte, nach dem von der Commune gut geheissenen Plane ausgeführt werden dürfe, dass die Bauübernehmer zu weiteren Untersuchungen veranlasst wurden. Das Resultat war der Vorschlag, die Wasseranlagen nach Blankenese, fast 1½ deutsche Meilen unterhalb Altona's, zu verlegen, wie solches von dem in Wasserwerken sehr erfahrenen Ingenieur Herrn Thomas Hawksley in London, im Verein mit dem Ingenieur Herrn E. E. Goldsmid, empfohlen wurde, und demgemäss den Baucontract zu verändern. Vor der Entscheidung über diesen neuen Vorschlag wandte sich der Verwaltungsrath an den bekannten Erbauer der Gasanstalt und Stadtwasserkunst in Hamburg, Herrn Ingenieur Wm. Lindley daselbst, und ersuchte ihn um eine Begutachtung der zu dem Ende übersandten Zeichnungen und Actenstücke. Dem diesem Auftrage entsprechenden Berichte ist, mit Erlaubniss des Herrn Verfassers, der nachfolgende Auszug entnommen, welcher die den Gegenstand speciell berührenden Punkte enthält:

„1. Ueber die Ausführbarkeit des vereinigten Unternehmens auf dem dafür bestimmten Terrain des Herrn Stuhlmann mit Rücksicht auf die contractlichen Verpflichtungen gegen die Stadt möchte zu bemerken sein, dass

a) in Bezug auf Grösse der Platz bei Weitem nicht genügen kann für beide Anlagen, so dass in dieser Beziehung nur die Wahl zu bleiben scheint, entweder eine beträchtliche Vergrösserung des Flächenraumes anzustreben, oder nur eine der beiden Anstalten darauf anzulegen;

b) in Bezug auf Lage erscheint der Platz für eine Wasserkunst gänzlich ungeeignet, da er unmittelbar unterhalb der beiden volkreichen Städte liegt und die Wasserkunst also ihren Bedarf aus einer Strömung entnehmen würde, die durch die Abflüsse einer städtischen Bevölkerung von 200,000 Menschen verunreinigt worden ist. Diesem Grundübel würde durch die in der Concession enthaltene Bedingung, das Wasser während der letzten Stunde der Fluth zu entnehmen, nicht abgeholfen werden können, denn einestheils werden die Abflüsse nicht in einer Tide von beiden Städten gänzlich entfernt, sondern kommt mit der Fluth vieles zurück, was die Ebbe den Strom hinunterführte, sondern auch kommt besonders in Betracht, dass je mehr man die Dauer des Einlasses beschränkt, der Zuflusscanal um so grösser sein muss, um das Quantum hineinzulassen, und um so mehr Aufnahme-Bassin in der Wasserkunst vorhanden sein muss, damit genügend bis zur nächsten Füllung aufgenommen werden könne. Die

Fläche zu einem solchen Aufnahme-Bassin ist aber nicht im Entferntesten vorhanden, und deshalb könnte jene Maassnahme auch keine genügende Abhülfe schaffen.

Da aus vorstehendem Mangel an geeigneter Lage es überhaupt unrathsam erscheint, die Wasserkunst an dieser Stelle anzulegen, so fällt auch die unter a berührte Eventualität, den Platz zur Wasserkunstanlage geeignet zu machen, hinweg, und bliebe demnach nur übrig,

den Platz des Herrn Stuhlmann ausschliesslich zur Anlage der Gasanstalt zu verwenden.

Den zweiten Punkt zur Meinungsäusserung „über die von den Herren Goldsmid und Hawksley vorgeschlagene Eventualität sowohl mit Rücksicht auf die Zweckmässigkeit als den Kostenpunkt" beehre ich mich dahin zu erwidern, dass der von den Herren G. und H. in seinen Umrissen entwickelte Plan der Wasserversorgung von Blankenese her Vieles für sich hat, jedoch in seiner Ausdehnung noch weiterer Untersuchungen und Ermittelungen bedarf, bevor sich entscheiden lässt, ob er überwiegende Vorzüge vor anderen Wegen der Versorgung besitzt. Das daran geknüpfte Erbieten der Herren York & Co. möchte es aber jedenfalls rathsam erscheinen lassen, genauer zu präcisiren .... dass sie sich verpflichten .... in und bei Blankenese zu liefern und herzustellen :

    a) eine Duc d'Albe;

    b) eine kleine Landungsbrücke;

    c) zwei Dampfmaschinen der in besten englischen Wasserwerken angewendeten Construction, jede davon in der Stärke, dass sie in der Minute 700 engl. Gallons Wasser 300 Fuss Hamb. hoch treiben könne, mit Pumpen und allem Zubehör der Wasseranleitung und Fortschaffung, sowie den Gebäuden für die Maschinerien, Kessel, Kohlenlager u. s. w.;

    d) eine Hauptleitung von 18 Zoll engl. Durchmesser von diesen Maschinen nach den nachstehend bezeichneten Bassins und Reservoirs;

    e) ein Ablagerungsbassin auf dem Hochlande zum beständigen Gebrauche, von mindestens einer Million Gallons Rauminhalt,

    vier Filterbetten zum abwechselnden Gebrauche behufs gründlicher Reinigung des Wassers, jedes von mindestens 1000 Quadrat-Yards Sandoberfläche,

    ein überdecktes Versorgungsreservoir von mindestens 500.000 Gallons Rauminhalt;

    f) eine Hauptspeiseleitung von dem Versorgungs-Reservoir bis Flottbeck in mindestens 16 Zoll engl. Durchmesser, und weiter von Flottbeck nach dem Bahnhofe in Altona in mindestens 15 Zoll engl. Durchmesser;

    g) vom Bahnhofe das Röhrenquetz zu beginnen und in Uebereinstimmung mit der Concession, jedoch den veränderten Verhältnissen angemessen, zu verzweigen, unter Hinzufügung einer neuen Hauptleitung längs der Bahnhofsallee in bedeutender Weite, wie es der späteren Bebauung dieses Stadttheiles entspricht, und in Vereinigung gesetzt mit der Leitung längs dem Schulterblatt,

Alles in der einer städtischen Bevölkerung von 50,000 Einwohnern entsprechenden Ausdehnung, Güte und Leistungsfähigkeit."

Der Verwaltungsrath schloss sich, in Uebereinstimmung mit der in obigem Berichte ausgesprochenen Ansicht, dem Vorschlage der Uebernehmer an, die Gasanstalt in Altona, die Wasserkunst in Blankenese anzulegen, und that gemeinschaftlich mit ihnen die nöthigen Schritte, um die zur Erbauung nöthigen Terrainflächen zu erwerben und die Einwilligung der Behörden, namentlich der städtischen Collegien, in diese Abweichung von dem städtischen Contracte zu erreichen. Da es für zweifellos erachtet wurde, dass die städtischen Collegien dem veränderten Plane mit Rücksicht auf das überwiegend durch denselben geförderte Interesse der Commune bereitwilligst zustimmen würden, wurde mit den Herren York & Co. im April 1857 auf Grund der von Herrn Hawksley ausgearbeiteten, von den Uebernehmern vorgelegten Detailpläne, welche in manchen

Punkten einer Begutachtung des technischen Consulenten der Gesellschaft, Herrn W. Lindley, unterzogen und entsprechend abgeändert wurden, ein Specialcontract abgeschlossen.

Ausführung des Baues. Nach diesen Plänen und Contractbestimmungen ist der Bau der Anlagen in Altona und Blankenese durch die Herren York & Co. für Rechnung der Gesellschaft ausgeführt, welche als ihre Bevollmächtigten (resident engineers) im Anfange Herrn E. Garey, später Herrn J. Wilson mit der Leitung der Arbeiten beauftragten. Der Verwaltungsrath betraute Herrn Lindley und unter dessen Oberleitung den Verfasser dieses mit der speciellen Aufsichtführung über die von den Uebernehmern herzustellenden Arbeiten im Interesse der Gesellschaft, gleichzeitig auch mit der Ausführung einer Anzahl verschiedener Arbeiten, welche den Herren York & Co. nicht übergeben, sondern unabhängig von deren Contract ausgeführt wurden.

Im Juli 1857 wurde die Gasanstalt in Betrieb genommen, in demselben Jahre auch die Arbeiten in Blankenese begonnen, und endlich im Juli 1859 die Wasserkunst dem Verwaltungsrath für den Betrieb überliefert, welcher denselben am 4. August 1859 eröffnete.

So langdauernd und schwierig sich auch die Verhandlungen, theils mit den Behörden, theils mit den Bauübernehmern gestalteten, und so sehr mitunter das ganze Unternehmen an den Hindernissen, mit welchen zu kämpfen war, zu scheitern drohte, besitzt Altona jetzt eine Gasanstalt und Wasserkunst, welche in jeder Beziehung ihrem Zwecke entsprechen und der Stadt zum Nutzen und zur Zierde gereichen, und deren in gleicher Vollkommenheit sich nur eine sehr geringe Zahl deutscher Städte rühmen können.

Ort der Wasserentnahme. Dem einfachen Grundprincipe einer jeden Wasserkunst, welche die Versorgung grosser Städte mit Flusswasser bezweckt, dass das Wasser an der Stelle zu entnehmen sei, an welcher es verhältnissmässig am reinsten gefunden wird, also oberhalb der Städte, während die Schmutzabflüsse unterhalb derselben einmünden, war durch die eigenthümlichen Grenz- und Terrainverhältnisse Altona's nicht gerecht zu werden. Es musste die Entnahme an einer Stelle unterhalb der Stadt stattfinden, wo das Wasser erst nach seiner Berührung mit den Abflüssen angetroffen wird, wenn nicht die Anlagen so weit von dem Orte des Verbrauchs entfernt ausgeführt werden sollen, dass die Baukosten eine die Grenze der practischen Möglichkeit weit übersteigende Höhe erreichen sollen. Was sich in diesen Grenzen erreichen lässt, das bietet der Plan des Herrn Hawksley, welcher in jeder Beziehung ein sehr glücklicher zu nennen ist: das mit den Abflüssen verunreinigte Wasser hat einen Weg von fast 1½ Meilen zu durchfliessen, ehe es zu den Blankeneser Anlagen kommt, und lagert auf diesem Wege einen grossen Theil seiner Unreinlichkeiten ab. Gleichzeitig tritt zu dem die Städte passirenden Norder-Elbarme das fast vollkommen reine Wasser der Süderelbe durch zahlreiche grössere und kleinere Seitenarme, mischt sich mit ersterem und vermindert so den verhältnissmässigen Gehalt an Beimengungen ganz wesentlich, so dass selbst das Elbewasser, im Vergleich zu dem bei Altona zu entnehmenden, fast rein genannt werden kann.

Noch viel mehr ist dies aber der Fall bei dem, durch den starken Fluthstrom in der Elbe aufwärts fliessenden Wasser, welches von weit unterhalb der Städte auflaufend, einen Grad von Reinheit besitzt, wie er practisch wohl nicht höher zu verlangen ist. Die durchschnittliche Fluthzeit für Blankenese ist fast 5 Stunden, so dass, da das reine Wasser sich schon gleich nach dem Eintritte derselben vorfindet, in jeder Tide die Wasserschöpfung während einer Zeit von 4 bis 5 Stunden stattfinden kann, was einem täglichen Maschinenbetriebe von 8 bis 10 Stunden entspricht, welcher bei zweckmässigen Anlagen gewiss ein ausserordentlich günstiger genannt werden muss.

Zweckmässigkeit des Bauplatzes. Ist in Beziehung auf die Wasserentnahme der gewählte Platz ein sehr zweckentsprechender, so ist er es in noch höherem Grade mit Rücksicht auf die Ausführbarkeit der zur Wasserhebung und Reinigung erforderlichen baulichen Anlagen. Am Westende von Blankenese liegt der Baursberg (Kösterberg), einer der höchsten Puncte des Herzogthums Holstein, der höchste des Elbgeestgebietes, dessen Kuppe etwa 320 Fuss Hamb. über Null, 200 Fuss über dem Bahnhofsplatze in Altona ist. Der gegen das Land flach, gegen die Elbe ziemlich steil abfallende

Berg besteht, so tief die für den Bau ausgeführten Bohrungen reichen, ausschliesslich aus grobem eisenhaltigem Sande, mit durchsetzenden Kies- und Steinschichten, und war bei einer kaum 6 Zoll starken Ackerkrume, für die Landcultur fast werthlos, zum grössten Theile mit Haide bewachsen. Am Fusse des steilen Abhanges ist ein etwa 500 Fuss breites, gegen die Elbe sanft abdachendes Vorland, welches von den Hochfluthen, mit Ausnahme der am Berge am nächsten liegenden Theiles, überschwemmt wird; vor der Niedrigwasser-Uferlinie desselben führt in etwa 100 Fuss Entfernung die tiefe Stromrinne der Elbe vorbei, welche, in einer flachen Concave liegend, unter den jetzigen Umständen wohl stets dem Ufer nahe bleiben wird (auch nach dem Rendel'schen Elbcorrectionsprojecte), während noch im Anfange dieses Jahrhunderts, als die Süderelbe noch nicht wie jetzt verschlammt war, das Fahrwasser weit mehr nach dem südlichen, entgegenge-setzten Ufer lag. Das Wasser konnte an dieser Stelle, mit Sicherheit gegen die in der Elbe sehr häufigen Verlegungen der Sandbänke, durch einen kurzen Einbau in einer solchen Tiefe ent-nommen werden, dass selbst bei den niedrigsten Ebbeständen die Versorgung keine Unter-brechung zu erleiden brauchte. Eine Maschinenanlage, auf dem Vorlande errichtet und mit der tiefen Elbe in Verbindung gesetzt, hebt das Wasser durch ein in der Böschung des Berges lie-gendes Rohr auf die Höhe desselben; es wird hier durch entsprechende Einrichtungen gereinigt und gelagert und folgt nach den Gesetzen der Schwerkraft, ohne weitere mechanische Hülfe, einer Röhrenleitung bis zu dem städtischen Röhrennetze, dasselbe mit einem Drucke füllend, welcher die Bedingungen der Concession weit übersteigt. Die ausserordentlich günstigen Terrain-verhältnisse gestatten diese sowohl für die Versorgung, als den Betrieb ausserordentlich vortheil-hafte Anordnung, welche sich mit gleicher Leichtigkeit kaum an irgend einem zweiten Orte aus-führen lassen dürfte.

Das Terrain, mit den Maschinenanlagen an der Elbe, und ferner der Baursberg mit den Bassins, ist das Eigenthum der Gesellschaft, während das die beiden Besitzungen trennende Grund-stück des Herrn Howden aus Hamburg in dessen Besitz geblieben ist; jedoch schloss die Gesell-schaft mit demselben einen Contract, wodurch dieselbe ermächtigt wurde, die Steigleitung durch seinen Garten zu legen und alle dazu erforderlichen Arbeiten auszuführen.

Es dürfte hier auch der Ort sein, zu erwähnen, dass für das ganze hier in Betracht kommende Landgebiet die Königlichen Behörden dem Unternehmen allen Vorschub gewährt haben, sowie es auch von der grössten Wichtigkeit gewesen ist, dass der Zoll für alle Materialien u. s. w. auf 5 % des Werthes reducirt wurde.

Anlagen in Blankenese

Die Anlagen in Blankenese zerfallen in zwei Hauptgruppen, von denen die erste die Einrichtungen zum Entnehmen und Heben des Wassers aus der Elbe bis auf die Höhe des Berges, die zweite das Reinigen und Lagern des gehobenen Wassers umfasst, deren Lage zu einander, mit dem Profile des Wasserlaufes, auf Blatt II gegeben ist.

Maschinen-anlage

Die gesammte Maschinenanlage, Maschinen-, Kessel- und Kohlenhaus mit allem Zube-hör, liegt am Fusse des Bergabhanges, auf dem Vorlande; des besseren Baugrundes wegen und um sie ohne Eindeichung gegen die Fluthen der Elbe zu sichern, wurde es zweckmässig erachtet, sie an die Nordseite des am Rande des höchsten Wassers hinführenden Gemeindeweges zu legen, und da hier nicht Fläche genug vorhanden war, durch Abgraben der Böschung des Berges das erforderliche Terrain zu schaffen, wobei das abgegrabene Erdmaterial zur Erhöhung und Regu-lirung des Vorlandes trefflich verwendet werden konnte. Auf dem so erhaltenen Baugrunde steht am östlichen Ende das Maschinenhaus, welchem sich das Kesselhaus mit dem isolirten Schorn-steine und das Kohlenhaus anschliesst, von welchem westlich ein Wohnhaus für den Maschinen-meister die Reihe der Gebäude schliesst.

Der Baugrund, aus blossem Sande bestehend, bot in Beziehung auf Festigkeit gehörige Sicherheit für die grössten Bauwerke, so dass eine künstliche Fundirung nicht erforderlich war; indessen bot die Ausführung, namentlich der bis auf 3½ Fuss über Null reichenden Fundamente des Maschinenhauses, grosse Schwierigkeiten, weil in dem von zahlreichen Quellen durchzogenen, ausserordentlich wasserreichen Sande, das eben ausgegrabene sofort wieder vollgeschwemmt wurde, trotz der sehr flachen Böschungen und der Abstützung der Seitenwände; es konnte nur durch stückweises Ausführen der unteren durchgehenden Fundamentschichten, welche zum Theil halb fertig in dem aufgerührten Sande wieder versanken, allmälig ein fester Grund gebildet werden, welcher, wenn einmal eingeschlossen und zur Ruhe gekommen, den grössten Belastungen ohne irgend eine Gefahr ausgesetzt werden kann.

Alle Bauten der Wasserkunst sind ausschliesslich in dem in hiesiger gebirgsarmen Gegend gebräuchlichen Materiale, in Backsteinen ausgeführt, Quadern aus Obernkirchner Stein (Bremer Sandstein) sind nur zu den Fundirungen der schweren Maschinentheile, Treppenstufen u. dergl., weichere Sandsteine zu Fussbodenplatten, Mauernbedeckungen u. s. w. verwendet. Die Backsteine sind in zwei Sorten verbraucht, die gewöhnlichen gutgebrannten rothen Steine der hannoverschen und holsteinischen Elbgegend, wie solche von den Steinschiffern angefahren werden, und eine besondere Sorte gelber Steine, aus der Ziegelei Fernsicht bei Kellinghusen, zu Vorblendungen der Sockel, Pfeiler, Gesimse, Thür- und Fenster-Einfassungen u. dergl.; das Steinmaass ist 9½ × 4½ × 2½ Zoll Hanb. im Allgemeinen, doch kommen ziemlich bedeutende Abweichungen vor. Alles Mauerwerk bis Sockelhöhe ist in Roman Cementmörtel, 2 Theile Sand, 1 Theil Cement, ausgeführt, alles übrige in gutem Kalkmörtel, besonders stark belastete Theile und grössere Bögen in Portland-Cementmörtel; sämmtliche äussere Mauerflächen sind nach der Vollendung mit Portland-Cement voll ausgefugt.

Das Maschinenhaus, auf Blatt III in Grundriss und Profilen dargestellt, hat über Sockel eine lichte Breite von 22 Fuss bei einer gleichen Länge von 43 Fuss 6 Zoll und ist zur Aufnahme von zwei Pumpenmaschinen, jede zu etwa 60 Pferdekraft Nutzeffect, geeignet. Auf einem 5 Fuss hohen, massiven Fundamentklotze sind die Umfangsmauern mit 3 Fuss = 4 Steinen angelegt, auf Sockelhöhe, 17 Fuss 9 Zoll über den Fundamenten, 3 Fuss 3 Zoll, über Terrain auf 2 Fuss 3 Zoll oder 3 Stein, und nochmals 18 Fuss über Sockel auf 1 Fuss 10½ Zoll = 2½ Steine Stärke abgesetzt, und so bis zum Dache geführt. An den freistehenden Umfangsmauern sind 3 Fuss breite starke dosirte Strebepfeiler an den besonders belasteten Stellen zur Verstärkung der Mauern vorgelegt. Eine Anzahl Längs- und Quermauern giebt den zur Aufstellung der einzelnen Maschinentheile nöthigen Fundamente; als solide und unverrückliche Basis der beiden Druckpumpen ist auf das Fundament ein 2 Fuss 9 Zoll hoher, ⊥-förmiger, gusseiserner Balken von 25 Fuss Länge und 2 Zoll Stärke in den Rippen eingelegt, dessen Gewicht 7½ tons oder 150 Centner beträgt.

Der Haupteingang ist an der Ostseite, durch eine doppelarmige Sandsteintreppe zugänglich. Die Umfangsmauern enthalten eine solche Zahl von Fenstern, dass das ganze Innere vortrefflich beleuchtet ist und in Verbindung mit den sauber gemalten und blank geputzten Maschinen im Vergleich zu den oft dusteren und schmutzigen Maschinenanlagen einen überaus freundlichen Eindruck macht, eine Annehmlichkeit für den Besucher, zugleich der grösste Vortheil für die Conservirung der Maschinen.

Der Fussboden im Parterre des Maschinenhauses ist aus geschliffenen Sandsteinplatten, der Fussboden in der Höhe der Balanciers aus Schmiedeeisenplatten, gereift, ähnlich wie die an Locomotiv-Frames, auf gusseisernen Balken gebildet, und beide durch eine gusseiserne Treppe verbunden. Das Dachgerippe ist ganz von Schmiedeeisen, und so stark construirt, dass selbst die grösseren Maschinentheile bei vorfallenden Reparaturen an demselben mit Hülfe der auf dem Balancierboden stehenden Winden aufgenommen werden können. Das Dach ist mit englischem Schiefer, zur Verhütung der Bildung von Condensationswasser an der Unterseite des kalten Daches, auf Holzschalung eingedeckt, welche nebst den Thüren und Fussleisten auf den Plattenfussböden das einzige Holz in allen Gebäuden ist, so dass dieselben in jeder Beziehung feuerfest genannt werden können.

Das Kesselhaus, zur Aufnahme von 4 Kesseln, stösst an die Westseite des Maschinenhauses, nach der Bergseite vorspringend; bei 44 Fuss Länge und 34 Fuss 8½ Zoll Breite im Lichten sind die Mauern 6 Fuss unter Terrain mit 3 Fuss = 4 Steinen angelegt, bis zum Sockel mit 1 Fuss 10½ Zoll, oberhalb desselben mit 1 Fuss 6 Zoll Stärke ausgeführt, die Giebelmauern durch ½ Stein vorspringende Pfeiler und Gesimse verstärkt. Das Satteldach ist ganz von Schmiedeeisen constrairt und mit Schiefer, auf eisernen, 1½ zölligen Winkeleisen-Latten mit Compositionsnägeln befestigt, eingedeckt, längs des Firstes mit einer Ventilationsöffnung versehen.

Das Kohlenhaus ist dem Kesselhause ganz gleich, in den Mauern jedoch ½ Stein stärker **Kohlenhaus.** ausgeführt; zur Abführung des Regenwassers liegen auf der gemeinschaftlichen Mittelmauer und längs der Seitenmauern gusseiserne Rinnen, deren Stücke, mit Falz verkittet, über einander fassen. Das Kohlenhaus kann einen Vorrath von etwa 10.000 bis 12,000 Centner fassen, den Verbrauch eines ganzen Jahres bei starkem Betriebe.

Das Kesselhaus ist mit Yorkshire-Sandsteineinplatten belegt, das Kohlenhaus mit Schlacken, glasig gebrannten Backsteinen in Sand gepflastert und mit Portland-Cement vergossen. Beide Häuser, durch eine Thür mit einander verbunden, haben nach der Strassenseite eine grosse Flügelthür; von der des Kohlenhauses führt ein Kiesweg zum Strande, zum Heranschaffen der Kohlen aus den dort ankernden Schiffen, welches diese von England hergebracht haben.

Der Schornstein steht hinter dem Kesselhause, in dessen Mittellinie, 10 Fuss von der **Schornstein.** Mauer entfernt; auf einer 1½ Fuss starken Schicht von Portland-Cementconcret, 17 Fuss 6 Zoll Quadrat, ist die Fundirung mit 13 Fuss Quadrat 8 Fuss 6 Zoll unter Terrain angelegt und in sechs Absätzen von zusammen 3 Fuss 6 Zoll Höhe bis auf 10 Fuss Quadrat eingezogen. Auf dieser erhebt sich ein 5 Fuss unter, 15 Fuss über Terrain hohes Postament, welches mit Sockel und oberen Deckgesimsen versehen, eine innere achteck'ge Schornsteinöffnung von 5 Fuss enthält, bei einer Wandstärke von 2 Fuss 6 Zoll im Sockel und 2 Fuss oberhalb desselben. Der obere Schornstein ist rund, über dem Postamente 85 Fuss, über Terrain 100 Fuss hoch, unten von 5 Fuss, oben von 3 Fuss 6 Zoll Durchmesser im Lichten, und zur Hälfte der Höhe von 1½, zur andern von 1 Stein Wandstärke, und der Kopf mit einem profilirt übergesetzten Kranze aus Formsteinen decorirt. Der runde Schornstein ist von hart gebrannten gelben Formsteinen in Kalkmörtel gemauert und mit Portland-Cement ausgefugt. Vom Kesselhause führt ein unterirdischer 3 Fuss breiter Rauchcanal zu dem Schornsteine, welcher, oben halbrund zugewölbt, eine Scheitelhöhe von 4 Fuss hat.

Vor dem Ostgiebel des Maschinenhauses, ganz von diesem getrennt, steht der Windkessel in einem kleinen Hause, welches ihn gegen die Einflüsse von Wind und Wetter schützt.

Um die Fundamente gegen die Einflüsse des wasserreichen Grundes zu sichern, namentlich den Keller des Maschinenhauses trocken zu erhalten, ist rings um die Aussenmauern ein 1½ Fuss starker Thonschlag eingebracht, und ausserdem an der Bergseite eine Drainirung gelegt, welche vereinigt mit dem Regen- und Condensationswasser in einem 12zölligen Eisenrohre nach der Elbe führt. Trotzdem ist der Wasserzudrang so stark, dass durch die Kesselfundirung sich eine Anzahl Quellen Bahn gebrochen haben und fortwährend laufen, ohne weiteren Schaden anzurichten, solange das Wasser regelmässig unter ab- und zur Elbe geführt wird.

Das Maschinenmeisterhaus ist aus dem Grunde in die unmittelbare Nähe der übrigen Anlagen gestellt, damit derselbe jederzeit gegenwärtig sein und ohne weitere Mühe eine fortwährende Aufsicht ausüben kann, selbst wenn die Maschinen nicht im Betriebe sein sollten.

Ausser dem unmittelbar vor den Gebäuden liegenden Terrain gehört zu beiden Seiten das Vorland, in einer Länge von etwa 1100 Fuss, der Gesellschaft und ist zu späteren Ausdehnungen reservirt.

Im Maschinenhause sind zwei Maschinen völlig gleicher Construction neben einander **Maschinen.** aufgestellt, eine jede zu einer Nutzleistung gleich 60 Pferdekraft befähigt; sie sind dem Principe nach Balanciermaschinen mit Schwungrad, doppeltwirkenden Pumpen, Condensation und variabeler Expansion nach dem Woolf'schen Systeme, und den Kessel und sonstigem Zubehör von der wohlrenommirten Fabrik der Herren R. & W. Hawthorn in Newcastle upon Tyne angefertigt und aufgestellt, auf Grund eines vom Ingenieur Hawksley ausgearbeiteten Entwurfes und Contractes, welcher die Genehmigung der Gesellschaft erhalten hatte. (Tafel III.)

Die Wahl des Systemes für die Pumpenmaschinen ist durch den Ingenieur der Uebernehmer, Th. Hawksley, hauptsächlich entschieden, welcher im Gegensatze zu dem Consulenten der Gesellschaft, Wm. Lindley, sich für dasselbe erklärte. Bekanntlich ist schon seit Jahren, am lebhaftesten in England nach 1810, unter den mit grösseren Pumpenmaschinen vertrauten Ingenieuren ein noch jetzt unentschiedener Streit darüber geführt, ob die einfach wirkenden, sogenannten Cornwallmaschinen, oder die doppelt wirkenden, rotirenden Maschinen den Vorzug verdienten; von beiden Partheien sind eine Menge Gründe für oder wider die beiden Systeme geltend gemacht, deren hauptsächlichste wohl sein möchten, dass:

Vergleich der einfach- und doppeltwirkenden Pumpenmaschinen.

1) die doppelt wirkenden Pumpen, welche sowohl beim Auf- als beim Niedergange das Wasser heben, eine noch ruhigere Bewegung in der steigenden Wassersäule hervorbringen müssen, als die nur beim Niedergange in die Höhe drückenden, einfach wirkenden Pumpen, selbst unter Mitwirkung eines grossen Windkessels, ein Punkt, der bei einer — hier beispielsweise über 2100 Fuss — langen Steigleitung für die Sicherheit der Röhren und ihrer Verbindungen von grösster Bedeutung ist, gegen den aber wiederum die, bei jeder ohne den geringsten Ruhepunkt erfolgenden Umsetzung der Bewegung, bei den rotirenden Maschinen unvermeidlichen Stösse durch das Schlagen der Ventile geltend gemacht werden, während bei den Cornwall-Maschinen dieselben auf das Vorsichtigste regulirt und fast ganz vermieden werden können;

2) die rotirenden Maschinen die Anbringung eines selbstthätigen Regulators für die Geschwindigkeit der Bewegung gestatten, welcher nöthigenfalls, z. B. bei der in Folge eines Röhrenbruches erfolgenden ausserordentlichen Steigerung derselben, die Maschine völlig zum Stillstand bringen kann, während die Cornwall-Maschinen sich freilich zum Theil selbst durch den auf den Kolben wirkenden grösseren oder geringeren Wasserdruck, reguliren indessen einer steten regen Aufmerksamkeit bedürfen, namentlich wenn der Wasserdruck und Dampfdruck ein wechselnder ist, was sich niemals ganz vermeiden lässt;

3) die rotirenden Maschinen an sich viel billiger herzustellen sind und namentlich auch wegen ihrer weit leichteren Construction weniger ausgedehnter und kostspieliger Fundirungen bedürfen.

Dagegen bieten die Cornwall-Maschinen

1) für den Betrieb den wesentlichen Vortheil, dass ihre massiven Plunger-Kolben keiner Liderung bedürfen, welche eine Quelle häufiger Reparaturen und lästiger Störungen bei den doppelt wirkenden Pumpen ist, deren Saugkolben mit einer Liderung versehen sein müssen, wenn sie ihrem Zwecke entsprechen sollen;

2) für die Kosten des Betriebes eine sehr beträchtliche Ersparung, indem einestheils in Folge der stets gleichen Wasserschöpfung, anderntheils durch die sparsamere Verwendung des Dampfes — nur bei dem Niedergange des Dampfkolbens — der Verbrauch an Feuerungsmaterial ein wesentlich geringerer ist und bei einiger Aufmerksamkeit in einem ziemlich constanten Verhältnisse zu dem geförderten Wasserquantum stehen wird.

Die letzteren beiden Punkte sind von ausserordentlicher Bedeutung, doch kann nur ein längerer Betrieb und die aus demselben gewonnenen Resultate einen richtigen Vergleich beider Constructionen bieten, nicht aber eine Zusammenstellung von Probeleistungen, bei denen während einer kurzen Zeit unter Aufwendung der angestrengtesten Aufmerksamkeit von beiden Systemen fast Gleiches geleistet wird, die rotirende aber trotzdem die Cornwall-Maschine nie ganz erreichen

Resultate der Maschinenbetriebes im Jahre 1860.

kann. Zur Beurtheilung der unvermeidlichen ungleichförmigen Leistung der doppelt wirkenden Maschinen dürfte die in Anlage II enthaltene Zusammenstellung von Betriebsresultaten, wie solche sich während des Jahres 1860 bei der Altonaer Wasserkunst ergeben haben, von Interesse sein.

Was eine gute Construction der einzelnen Maschinentheile, sowie eine in jeder Beziehung vortreffliche Ausführung vermag, um die Nachtheile des Systemes zu beseitigen, ist von Seiten der Fabrikanten geschehen, welche eine ihre Werkstatt ehrende, wohlanzuerkennende Arbeit geliefert haben.

Die beiden Maschinen sind so construirt, dass eine jede für sich oder beide zusammen arbeiten können. Ein kräftiges, von Mauer zu Mauer reichendes Gebälk, welches durch Mauerpfeiler und zwischenstehende starke gusseiserne Säulen getragen wird, theilt das Maschinenhaus

Anordnung der Maschinen.

der Länge nach in zwei gleiche Hälften, von denen die der Thüre am nächsten liegende die Schwungräder und Pumpwerke, die andere die eigentliche Dampfmaschine enthält. Die Säulen stehen auf einer 3 Zoll starken eisernen Sohlplatte und sind bis in die Fundamente mit 2zölligen Schraubbolzen verankert; in gleicher Weise mit dem oberen Hauptgebälk, welches bei 23 Fuss Länge ein Gewicht von 51 Centner hat, verbunden, bildet das Ganze einen festen Unterbau für die Lager, in welchen die von Zapfen zu Zapfen 23 Fuss langen Balanciers schwingen. Diese sind aus zwei Gussstücken von 4 Fuss Höhe in der Mitte, 1 Fuss 9 Zoll an den Enden und 2¾ Zoll Stärke, durch Aussen- und Mittelrippen noch wesentlich verstärkt, gebildet, welche mit einander durch die Zapfen der treibenden Theile verbunden sind, und unter ihnen die einzelnen Maschinentheile derart vertheilt, dass

am äusseren Arme

am Endzapfen an 12 Fuss 6 Zoll Radius mit 7 Fuss Hub das Schwungrad,

an 6 „ 3 „ „ „ 3½ Fuss Hub die Hauptpumpe;

am inneren Arme

am Endzapfen an 12 Fuss 6 Zoll Radius mit 7 Fuss Hub der Niederdruckcylinder,

an 9 „ 4½ „ „ „ 5 Fuss 3 Zoll Hub der Hochdruckcylinder,

an 6 „ 3 „ „ „ 3 „ 6 „ „ die Luftpumpe,

an 3 „ 1½ „ „ „ 1 „ 9 „ „ die Kaltwasser- und die Speisepumpe

angreifen. Das Gewicht eines Balanciers, auf zwei 7½zölligen Zapfen ruhend, beträgt 155 Centner, welches, verbunden mit einem schweren Schwungrade, die Bewegung der Maschine sehr gleichförmig macht.

Bei allen grösseren Maschinen, und namentlich bei solchen für Wasserkünste, erfordert es eine besonders grosse Kraft, ihre sehr bedeutenden Massen von dem Zustande der Ruhe oder auch bei der Aenderung der Bewegung in die entgegengesetzte Richtung — dem todten Punkte — zunächst in Gang zu setzen; ist diess geschehen, so genügt eine weit geringere, gegen das Ende der Bewegung mehr und mehr abnehmende Kraft, welche beim Erreichen des zweiten todten Punktes durch die von der Maschine zu überwindenden Widerstände ganz oder wenigstens theilweise aufgezehrt sein müsste, wenn nicht bei der Umsetzung der Bewegungsrichtung ein grosser Verlust an mechanischer Arbeit stattfinden und ein empfindlicher Stoss in den bewegenden Theilen erzeugt werden soll. Zur Erreichung dieses Zweckes hat sich die Expansion, die Benutzung der Ausdehnungskraft des Dampfes, durch welche er nach und nach ein grösseres Volumen einnimmt, also auch geringere Spannung, geringere Kraft bekommt, als ein vortheilhaftes Mittel bewährt und wird auch bei grösseren Maschinen fast regelmässig angewendet. Auch die Maschinen der Altonaer Wasserkunst sind expandirende, und zwar nach dem Systeme, welches nach seinem Erfinder Woolf benannt wird und dieselbe in zwei Cylindern nach einander erfolgen lässt, im Gegensatz zu den Cornwall-Maschinen, bei welchen nur ein Cylinder vorhanden ist. Bei der Woolf'schen Expansion tritt der bis zu einer Spannung, grösser als die der Atmosphäre, in den Kesseln erhitzte Hochdruckdampf zunächst in einen kleinen Cylinder während des ganzen oder auch nur während eines Theiles des Hubes, wird hier im letzteren Falle schon um etwas expandirt und gelangt alsdann bei dem entgegengesetzten Kolbengange in den beträchtlich grösseren Niederdruckcylinder, in welchem er sich bis auf das 6 bis 8fache seines ursprünglichen Volumens ausdehnt, ehe er zur Condensation entweicht. Es wirkt sonach beim Aufgange wie beim Niedergange der Kolben gleichzeitig Hochdruckdampf im kleinen und Niederdruckdampf im grossen Cylinder, beide expandirend, so dass der abströmende Dampf seine Spannung fast vollständig auf die Maschinen übertragen hat, wenn ausserdem durch Condensation im luftleeren Raume die Möglichkeit geboten ist, nicht allein den Ueberdruck über die Atmosphäre, sondern auch den dieser entsprechenden Theil des Dampfdruckes nutzbar zu machen.

Der grosse Cylinder, am Ende der Balancier's stehend, horizontal von dessen Zapfenmitte um 12 Fuss 3 Zoll (bei 12 Fuss 6 Zoll Radius) entfernt, hat 7 Fuss Hub und 35 Zoll Durchmesser, der kleine Cylinder, ¾ des Hubes, 5 Fuss 3 Zoll und 20 Zoll Durchmesser; die Quadrat-

2*

fläche der Cylinder stellt sich demnach auf resp. 962 und 314 ☐ Zoll, ihr Cubikinhalt auf 46,rs und 11,s Cubikfuss. Die Construction der Maschine gestattet es, den Dampfzufluss zum kleinen Cylinder auf ¹/₄, ¹/₂ und ³/₄ des Hubes abzusperren und dadurch den Dampf etwa auf das resp. 3¹/₄, 7 und 8fache seines ursprünglichen Volumens auszudehnen und seine Spannung auf eine dieser Ausdehnung entsprechende zu vermindern; bei einem Dampfdruck im Kessel von 28 ℔ pr. ☐ Zoll wird demnach im letzteren Falle der Dampf bis auf 3¹/₂ ℔ ausgenutzt werden, abgesehen von der durch Abkühlung herbeigeführten weiteren Verminderung desselben.

Die Cylinder stehen auf einem gemeinschaftlichen Untersatze, mit ihren Deckeln in gleicher Höhe über dem Fussboden; die Oeffnungen für den ein- und austretenden Dampf, von resp. 30 und 14 ☐ Zoll Querschnitt, befinden sich an der Seite der Aussenmauer, am oberen Ende und im Boden der Cylinder. Zum Schutze gegen die Ausstrahlung der Wärme ist der grosse Cylinder mit einem 1 Zoll abstehenden Mantel-Cylinder umgeben, zwischen welchen von den Kesseln herkommender Dampf eingelassen wird, um den Cylinder stets auf einem höheren Wärmegrade zu erhalten; ohne eine solche „Dampfjacke" (steamjacket) würde es unmöglich sein, den Dampf bis zu einem solchen Grade zu expandiren, wie es für den Verbrauch an Brennmaterial wünschenswerth ist. Ausserdem ist der kleine Cylinder und der Mantel des grossen mit einer 1 Zoll starken Lage Maschinenfilz umlegt, und um diese eine Bekleidung von polirtem Mahagoniholz, durch blanke Messingbänder zusammengehalten, angebracht und aus demselben Grunde auch jeder Cylinderdeckel mit einem doppelten Boden versehen. Mit den Cylindern sind durch Ansätze einige gusseiserne Balken verbunden, deren untere Enden in die Mauern eingelassen sind, und auf diesen ein Plattenfussboden in der Höhe der Deckel gelegt. So zweckmässig an und für sich die durch diesen Fussboden erreichte Zugänglichkeit zu allen Theilen oberhalb der Cylinder ist, so hat doch die Art der Ausführung manches gegen sich, indem die festen Theile ohne weiteres mit den der Ausdehnung durch die Hitze des Dampfes unterworfenen Cylindern verbunden sind; trotzdem sich bisher noch keine Nachtheile als Folgen dieser Construction gezeigt haben, dürfte dieselbe dennoch als eine wenig empfehlenswerthe bezeichnet werden.

Dampfkolben — Die Dampfkolben bestehen aus zwei durch 4 zöllige Schraubbolzen mit einander verbundenen Gussstücken, zwischen welchen ein Ring von Stahl eingeklemmt ist, welcher, durch eingestemmtes Garn gegen die Innenfläche der Cylinder gepresst, die Liderung bildet; die Berührungsflächen zwischen dem Kolbenkörper und Ringe sind mit ¹/₁₆ Zoll starken, sauber geschliffenen Bronzearmirungen belegt. Die Ringe, aus einem Stücke zusammengebogen, sind im Stosse verschränkt und resp. 1¹/₂ Zoll hoch und 1 Zoll stark und 3²/₄ Zoll hoch und ³/₄ Zoll stark. Die Kolben haben 7 und 5¹/₂ Zoll Höhe; ihr Untertheil ist mit der konisch verdickten Kolbenstange durch einen Keil verbunden, ihr Deckel wirkt wie eine Stopfbüchse auf das zwischen der Liderung und dem Untertheil eingestemmte Garn und presst so den Ring fest gegen die Wandung. Die Kolbenstangen haben 4 und 2³/₄ Zoll Durchmesser und erhalten ihre vertikale Bewegung mit Hülfe eines Parallelogramms, dessen Construction von der gebräuchlichen wenig abweicht und mit dessen Crosets die Stangen durch starke Schraubenmuttern verbunden sind.

Steuerung — Die Zuführung des gespannten und die Abführung des verbrauchten Dampfes nach und von den Cylindern geschieht durch die Steuerung, welche mit den Kesseln einerseits, mit den Condensationsapparaten andererseits in Verbindung steht und hier als „Ventilsteuerung" construirt ist; sie besteht im wesentlichen aus zwei Gusseisenkasten, den Unter- und Oberkasten, von denen jeder in vier Hauptkammern getheilt ist, welche theils mit dem Cylinder durch die Einlassöffnungen, theils unter einander durch die, die beiden Kasten verbindenden drei hohlen Säulen communiciren. Durch das abwechselnde Oeffnen und Schliessen der Oeffnungen, welche je zwei Kammern verbinden, lässt es, wie leicht ersichtlich, möglich, die Kammern auf zwei verschiedene Arten mit den Cylindern in Verbindung zu bringen und so, der auf- und abgehenden Bewegung der Kolben entsprechend, die Zu- und Abführung des Dampfes zu verändern, also den regelmässigen Gang der Maschine in beiden Richtungen zu erreichen. Wegen der nach einander erfolgenden Verwendung des Dampfes in beiden Cylindern, nach Woolf's Systeme, muss der aus dem kleinen Cylinder ausströmende, hier verbrauchte Dampf in den grossen Cylinder als treibende

Kraft wieder eintreten können, die beiden dieses gestaltenden Kammern also unter einander verbunden sein, was hier durch die mittlere Säule geschieht; von den beiden äusseren Säulen dient die eine zur Zuführung des frischen Dampfes zum kleinen, die andere zur Abführung des verbrauchten Dampfes vom grossen Cylinder von den oberen Dampfcanälen zu den unter dem Fussboden liegenden Dampf und Condensationsröhren. Die Oeffnungen zwischen den Kammern sind durch Doppelsitzventile geschlossen, deren Zahl sich auf vier in jedem Kasten beläuft; ihre gleichzeitige Stellung bei beiden Bewegungsrichtungen der Kolben muss sich in folgender Weise ändern:

1. Beim Anfange der Kolben:

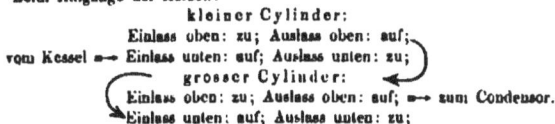

> kleiner Cylinder:
> Einlass oben: zu; Auslass oben: auf;
> vom Kessel ⟶ Einlass unten: auf; Auslass unten: zu;
> grosser Cylinder:
> Einlass oben: zu; Auslass oben: auf; ⟶ zum Condensor.
> Einlass unten: auf; Auslass unten: zu;

2. Beim Niedergange der Kolben:

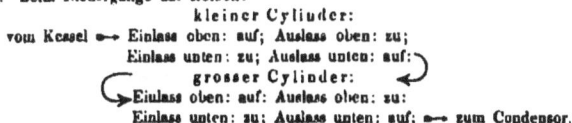

> kleiner Cylinder:
> vom Kessel ⟶ Einlass oben: auf; Auslass oben: zu;
> Einlass unten: zu; Auslass unten: auf;
> grosser Cylinder:
> Einlass oben: auf; Auslass oben: zu:
> Einlass unten: zu; Auslass unten: auf; ⟶ zum Condensor.

Die Ventile nehmen an Grösse mit der grösseren Expansion des Dampfes zu, und haben *Dampfventile.* geöffnet eine Durchströmungsfläche:

Hochdruck-Einlassventile am kl. C. 40 ☐Zoll ― 1 : 7,₄₄ des kl. Kolbens.

Niederdruck-Auslassventile am kl. C. ⎱ 53 ☐Zoll ⎰ 1 : 6 der Fl. des kl. K.
Einlassventile am gr. C. ⎰ ⎱ 1:18 „ „ „ gr. „

Abschlussventile am gr. C. 66,₀ ☐Zoll ― 1 : 14,₆₅ des gr. Kolbens.

Die Ventile sind von Kanonenmetall, ihre Sitze mit Ankern in den Kasten festgeschraubt, ihre Becher, auf vier Zoll Höhe, durch kupferne Spindeln zu heben, welche in den Stopfbüchsen der Deckel auf den Ventileinsätzen ihre Führung finden. Die Spindeln werden durch drehbare Hebel gelüftet, welche durch Herzstücke auf einer unter dem Fussboden liegenden Welle gehoben, durch ihr eigenes Gewicht wieder zufallen und so die Ventile schliessen. Die Herzstücke erhalten ihre Bewegung durch die Welle, auf welcher sie mit Schrauben festgeklemmt sind, und diese wiederum mittelst Zahnrädern durch die Welle des Schwungrades, so dass in gleicher Zeit beide Wellen sich einmal umdrehen. Die Länge der grösseren Kreisperipherie des Herzstückes bestimmt die verhältnissmässige Zeitdauer der Ventilöffnung; dieselbe ist für alle Ventile eine constante, mit Ausnahme der Einlässe am kleinen Cylinder, deren Herzstücke treppenförmig abgesetzt sind, so dass, je nachdem die Hebel auf der kürzeren oder längeren Peripherie laufen, die Ventile kürzere oder längere Zeit geöffnet werden, und so den Grad der Expansion veränderlich machen.

Hierdurch bietet sich zugleich das Mittel zur Regulirung des Ganges der Maschinen; *Regulator.* je nach der grösseren oder geringeren Expansion des Dampfes ist die von demselben bei jedem Hube verrichtete Arbeit abhängig, so dass die Bewegung durch eine verminderte Expansion und die alsdann grössere Dampfspannung beschleunigt, und umgekehrt durch das Abschneiden des Kesseldampfes schon bei einem kürzeren Theile des Hubes verzögert werden kann. Dies geschieht mit Hülfe eines Schwungkugelregulators, dessen stehende Welle, in einem Bockgerüst mit cannelirter Säule gelagert, von der Schwungradachse durch Kegelräder ihre Drehbewegung erhält; bei schnellem Gange der Maschine entfernen sich die Kugeln durch die Centrifugalkraft von der Drehachse, und ziehen dadurch einen Winkelhebel an, welcher wiederum durch eine Gabel die Einlassventile des kleinen Cylinders auf den Theil der Herzstücke ziehen, welcher eine kürzere

Oeffnung der Ventile zur Folge hat, und so durch die Verminderung des einströmenden Dampfes die Maschine zu langsamerem Gange zwingt. Durch die Festklemmung der Herzstücke, und die Länge der Arme des Winkelhebels am Regulator lässt sich die regelmässige Geschwindigkeit der Maschine sehr genau feststellen, und zwar ist dieselbe so bestimmt; dass jede Minute 13 bis 13½ Umgänge stattfinden, und der Dampfzufluss bei ⅝ bis ⅞ des Hubes abgeschnitten, also mit 7- bis ⁴⁄₅facher Expansion gearbeitet wird. Es giebt dies eine Geschwindigkeit für den grossen Dampfkolben von 210 bis 217 Fuss, für die Hauptpumpen von 103 bis 108½ Fuss per Minute, oder resp. 3½ und 1¾ Fuss per Secunde. In ausserordentlichen Fällen dürfte sich die Zahl der Umgänge ohne Gefahr bis auf 18 per Minute steigern lassen, wodurch die Geschwindigkeit des Dampfkolbens auf 4½, der Pumpen auf 2½ Fuss per Secunde sich erhöhen würde.

Die Luftpumpe zur Herstellung eines luftleeren Raumes in dem mit ihr verbundenen Condensator, um eincntheils die Dampfspannung gänzlich ausnutzen, andemtheils den verbrauchten Dampf aus dem grossen Cylinder in kürzester Zeit entfernen und unter Zutritt von kaltem Wasser condensiren zu können, liegt vor dem kleinen Cylinder am halben Hube des Balanciers, und hat 20½ Zoll Durchmesser, bei 3 Fuss 6 Zoll Hub. Der Condensator von 23 Zoll Durchmesser, ist oben domförmig geschlossen, und nimmt hier das Zuleitungsrohr von dem Cylinder auf; er steht mit der Luftpumpe in einem eisernen Wasserbehälter im Keller des Maschinenhauses, und hat zum Einlassen des zur Condensation nöthigen kalten Wassers einen messingnen Einspritzhahn von 1⅛ Zoll Bohrung. Der durchbrochene Messing-Kolben der Luftpumpe hat eine Ringlederung gleich der an den Dampfkolben, als Kolbenventil eine ¼ Zoll starke Caoutschukplatte, welche sich auf die Durchbrechungen des Kolbens legt, und messingene Klappen als Saug- und Steigventil; sie hebt das heisse Condensationswasser in eine Cisterne, von welcher die Speisepumpe das zur Speisung des Kessels erforderliche entnimmt.

Die Speisepumpe, an ¼ Hub des Balanciers, ist eine einfach wirkende Druckpumpe mit einem Plungerkolben von 5 Zoll Durchmesser bei 1 Fuss 9 Zoll Hub, liefert somit per Hub etwa ½ Cubikfuss Wasser, weit mehr als zur Herstellung von etwa 10 Cubikfuss Dampf von 2 Athmosphären Spannung erforderlich ist. Mit der Speisepumpe an gleicher Balancierlänge steht die Kaltwasser-Pumpe, zur Versorgung der Condensationscisterne, mit einem Stiefeldurchmesser von 13 Zoll, welche ihr Wasser aus dem zu den Hauptpumpen führenden Saugrohre entnimmt; sie hat Saugventile und Kolben mit Lederklappen und Stulpenliderung.

Die 2½-zöllige Kolbenstange der Luftpumpe ist in der gebräuchlichen Weise mit dem Parallelogramm des Balanciers verbunden, die Kolben der Speise- und Kalt-Pumpe ohne Gradführung direct durch Bleuelstangen vom Balancier bewegt, die der Speisepumpe mit deren Plunger durch ein einfaches Gelenk verbunden; bei der Länge derselben von resp. 21 Fuss 11 Zoll und 24 Fuss 2½ Zoll und dem geringen Hube von 1 Fuss 9 Zoll ist dies ohne Nachtheil möglich.

An dem äusseren Arme des Balanciers, dem Dampfeingange zunächst, liegen an den Seitenmauern die mächtigen Schwungräder, welche die Maschinen in den Stand setzen, ihre todten Puncte mit Leichtigkeit zu überwinden. Ihr äusserer Durchmesser beträgt 20 Fuss 8 Zoll, ihr Gewicht 320 Centner, von welchem in dem Kranze allein 213 Centner enthalten sind. An einer kräftigen Nabe von 4 Fuss 6 Zoll Durchmesser, welche auf die 11-zölligen Welle festgekeilt ist, sind die acht Speichen des Rades mit 1¾-zölligen Schraubbolzen befestigt; ihr äusseres Ende ist lappenförmig verbreitet und über diese Lappen die mit entsprechenden Aussparungen versehenen massiven Kranzstücke, mit dem Stosse auf der Mitte jeder Speiche, geschoben und durch starke Eisendübel mit ihnen verbunden. Der Kranz ist 16 Zoll breit, 10 Zoll stark, die H förmigen Speichen an der Nabe 10½, am Kranze 7 Zoll breit und resp. 6½ und 4½ Zoll stark. Die bedeutende Umfangsgeschwindigkeit von 17½ Fuss per Secunde, bei 13 Umgängen per Minute, machte eine besonders sorgfältige und solide Construction der einzelnen Theile und ihrer Verbindungen dieser ungewöhnlich grossen Schwungräder zur unabweislichen Pflicht.

Die Schwungradwelle jeder Maschine liegt in zwei Lagern von 10½ Zoll Länge bei 9½ Zoll Durchmesser, welche mit zweizölligen Bolzen bis in die Fundamente verankert sind. Ausser den zum Treiben der Steuerung und des Regulators dienenden Kegelrades trägt sie an der dem Innern zugekehrten Seite die gusseiserne Curbel, deren von Gussstahl hergestellter Zapfen von 5½ Zoll Durchmesser mit dem äusseren Balancierzapfen durch eine sehr kräftige Bleuelstange verbunden ist. Die Länge derselben ist 21 Fuss 3 Zoll von Zapfen zu Zapfen, das Sechsfache des Curbelradius von 3 Fuss 6 Zoll; sie ist von Gusseisen, in der Mitte kreuzförmig, an den Enden rund, und mit schmiedeeisernen, durch Keile zu justirenden, Kappen und bronzenen Lagerbecken für die Zapfen verbunden.

Die Hauptpumpen, zunächst dem Schwungrade, befinden sich mit allen zu ihrem Betriebe erforderlichen Ventilen, Röhren u. s. w. unterhalb des Fussbodens im Keller des Maschinenhauses, von oben durch eine Leiter zugängig. Die Pumpen sind doppelwirkende, und haben, ausser dem bei jeder Pumpe vorhandenen Saugventil am Fusse und Steigventil am Kopfe des Pumpenstiefels, den durchbrochenen, mit Ventilschluss versehenen Kolben der Saugpumpe, verbunden mit einem dem halben Querschnitt des Stiefels gleichen Taucher- oder Plungerkolben der Druckpumpen. Beim Aufgange des Kolbens saugt der an den Stiefelwänden dicht schliessende Saugkolben durch Bildung eines luftleeren Raumes das in der Zuleitung stehende Wasser an, und füllt den Stiefel unterhalb mit Wasser, während das oberhalb stehende Wasser durch den einzig offenen Weg, das Steigventil, gehoben und fortgeschafft wird; hierbei ist das Saugventil geöffnet und lässt das Wasser durchfliessen, das Kolbenventil aber geschlossen, genau wie bei jeder einfachen Saugpumpe. Beim Niedergange des Kolbens schliesst sich durch den Druck des Wassers im Stiefel das Saugventil, gleichzeitig öffnet sich das Kolbenventil und gestattet dem unterhalb stehenden Wasser den Durchgang nach oben; mit dem Kolben senkt sich aber gleichzeitig der Plunger, welcher den Theil des Wassers, welches seinem Rauminhalte entspricht, also die Hälfte des angesogenen, durch das Steigventil fortdrücken muss, um sich Raum zu schaffen, während die andere Hälfte bei dem nächsten Aufgange des Kolbens wieder gehoben, und also beim Aufgehen angesogen und gehoben, beim Niedergange nur gedrückt wird.

Die Pumpen, deren jede Maschine eine besitzt, stehen an der halben Armlänge des Balanciers und haben 3 Fuss 6 Zoll Hub bei 21 Zoll Stiefel- und 13 Zoll Plungerdurchmesser, deren Querschnitt demnach resp. 345 und 177 □ Zoll beträgt, im Verhältniss von beinahe 2 : 1. Ohne Berechnung der Verluste würde die Pumpe per Hub 8½ Cubikfuss Wasser liefern, sie ist also sehr wohl im Stande, das contractlich stipulirte Quantum von 700 Gallons per Minute bei 15 Huben, oder 7½ Cubikfuss per Hub zu fördern, was sie durch den Betrieb erwiesen hat. Die Pumpenstiefel haben eine Wandstärke von 1 Zoll, und stehen mit ihrem 3 Zoll starken, durch Querrippen noch verstärkten, Boden auf dem für ihre Fundirung eingelegten grossen eisernen Balken; zwei Ansätze des Stiefels von 21 und 13 Zoll Durchmesser dienen zur Verbindung mit dem Saug- und Steig-Ventilgehäuse, zwei andere von 4 Zoll Durchmesser, welche mit einander durch eine mit Messingschieber schliessbare Röhrenleitung verbunden sind, gestatten es, die Maschine in Gang zu setzen, ohne die Pumpen zu gebrauchen, indem diese Oeffnung der Schiebers die Pressung oberhalb und unterhalb des Kolbens gleich ist, und somit das Saugventil immer geschlossen bleiben muss.

Der Plunger ist von Gusseisen, mit 2½ Zoll Wandstärke, und sauber abgedreht; eine Bleuelstange, von gleicher Form mit der des Schwungrades, verbindet ihn mit einer Gradführung, und durch diese mit dem Balancierzapfen in der gebräuchlichen Weise; alle Theile sind unter einander mit Keilen verbunden, um jederzeit mit Leichtigkeit gelöst werden zu können.

Der Saugkolben ist mit dem Plunger durch eine 4½ Zoll starke schmiedeeiserne Spindel verbunden, auf welcher der durchbrochene Gusseisenkörper mit Bügel und Keil aufgetrieben ist; die Aussenseite des Kolbens ist conisch nach unten auf 12½ Zoll Höhe, verjüngt, oben von 20¼, unten von 18½ Zoll Durchmesser, und um diese ein Lederstulp gelegt, und durch einen schmiedeeisernen Ring festgeklemmt, welcher durch den Wasserdruck gegen die Wandung des Stiefels gepresst, die Kolbenliderung bildet. Der 6 Zoll hohe Klemmring ist unten ¾, oben ¾ Zoll stark, und auf ein ⅜ Zoll starkes Leder berechnet, so dass zwischen Ring und Stiefel ringsum ein Spielraum von ⅛ Zoll bleibt. Der durchbrochene Kolbenkörper hat oberhalb die beiden, 8 Zoll übereinanderliegenden Sitze des Kolben-Doppelsitzventiles von resp. 18½ und 10½ Zoll innerem

Durchmesser, welche aus feinaderigem Tannenholze fassdaubenartig in das Gusseisen eingelassen sind, so dass der gusseiserne Becher auf Hirnholz schlägt. Der Hub des Ventiles, welcher sich bis unter die Bodenfläche des Plunger heben kann, ist 2½ Zoll, die Durchflussöffnung 155 □ Zoll, während der Kolben nur 114 □ Zoll Durchbohrung hat.

Liderung Die Lederstulpen, welche als Liderung auf die Kolben gezogen werden, waren von der Fabrik aus bestem englischen Sohlleder, an dem Stosse zusammengenäht geliefert, sie konnten aber trotzdem dem grossen Wasserdrucke, welcher auf ihnen ruht, nicht mit Erfolg widerstehen; schon bald nach der Eröffnung des Betriebes zeigte es sich, dass die Maschinen beträchtlich weniger Wasser lieferten, als sie sollten, der beste Beweis, dass ein grosser Verlust durch eine Undichtheit herbeigeführt wurde. Die herausgenommenen Saugkolben zeigten, dass das Leder durch den grossen Druck über dem Ringe gestaucht, und durchgebrochen war, und dadurch die Wirkung der Pumpen wesentlich beeinträchtigt war. Neu eingesetzte Leder hatten keinen besseren Erfolg, gewöhnlich zeigte sich schon nach kurzem Gebrauche dasselbe Uebel; auf eine desfallsige Aufforderung, diesem Uebelstande, welcher die stetige, mühsame Erneuerung dieser sehr kostspieligen Lederstulpe nöthig machte, abzuhelfen, sandte die Fabrik einen besseren Stulp und Ring, welche sich vortrefflich bewährt haben. Der Ring, eben so breit und stark wie der alte, ist oben in eine abgerundete Kante ausgeschärft, der Stulp aus zwei, mit den Stössen verwechselten, übereinander liegenden und mit einer Menge feiner ausgeglühter Messingstifte verbundenen Lederringen zusammengesetzt, deren Länge nur 8 Zoll, 2 Zoll mehr, als die eisernen Ringe beträgt, welche theils dieser geringeren freien Länge, theils ihrer erheblich grösseren Steifigkeit wegen, mit Erfolg der grossen Pressung widerstehen und sich von oben nach unten gleichmässig abreiben.

Saugventile. Neben der unteren Ausmündung des Pumpenstiefels steht ein starkes Gehäuse, in welchem das Saugventil enthalten ist, welches in der Construction dem Kolbenventile gleich ist; es hat zwei 9 Zoll über einander liegende Sitze von resp. 21 und 16 Zoll inneren Durchmesser, bei einem Hube von 2½ Zoll, eine Durchflussöffnung von 220 □Zoll, bei einer Fläche der 21-zölligen Zuleitung von 347 □Zoll.

Vacuumkessel und Saugrohr. Die Ventilgehäuse beider Maschinen vereinigt ein 21-zölliges Zweigrohr, (welchem auch die Kaltwasserpumpen ihr Wasser entnehmen,) mit dem Vacuumkessel, von welchem aus in gerader Linie bis zum tiefen Wasser der Elbe ein gusseisernes Saugrohr geführt ist. Im Gegensatz zu der nur bei Aufgange der Saugkolben erfolgenden, intermittirenden Bewegung, soll der Vacuumkessel, welcher einen grossen, durch die Pumpen luftverdünnten Raum enthält, dem in dem über 500 Fuss langen Saugrohre fliessenden Wasser eine constante Bewegung ertheilen, und so die Stösse unmöglich machen, welche ohne ihn das Rohr treffen würden. Der Vacuumkessel hat 4 Fuss lichten Durchmesser und 16 Fuss 6 Zoll Höhe, und steht auf dem Fundamente unterhalb des Fussbodens im Maschinenhause; er ist von Gusseisen, aus 3 Stücken zusammengesetzt, und in den Flanschen, wie alle Verbindungen im Pumpenraume, mit Eisenkitt verstemmt.

Steigventile. An die obere Mündung des Pumpenstiefels schliesst sich das Steigrohr, zunächst das Gehäuse für das Steigventil an, von welchem jede Maschine, der Sicherheit wegen, zwei besitzt, deren zweites unter der Treppe des Haupteinganges liegt. Jedes Ventil hat 2 übereinander, etwa ¼ der Höhe schräg hängende Lederklappen, mit Eisen armirt, welche mit ihren Sitze zusammen sich leicht herausnehmen und erneuern lassen, wenn sie beschädigt werden sollten; sie sind sehr stark und haben einer Belastung von 400 Fuss Wassersäule erfolgreich widerstanden.

Windkessel. Die 13-zölligen Steigröhren beider Maschinen vereinigen sich vor dem Maschinenhause, und führen gemeinschaftlich zum Windkessel, welcher in einem besonderen Häuschen eingeschlossen steht. Der Windkessel ist von Gusseisen, aus 3 Stücken mit ¾-zölligen Schraubbolzen zusammengeschraubt, das Bodenstück durch radiale Rippen verstärkt; der Durchmesser ist 5 Fuss, die Höhe über der Mitte der Röhren 18 Fuss, beides im Lichten, die Wandstärke unten 2¾ Zoll, sich gegen die Mitte des Domes bis auf 3½ Zoll steigernd. Durch die Construction der Pumpen, und mit Hülfe dieses grossen Windkessels ist die Bewegung des Wassers in dem Steigrohre eine so regelmässige, dass bei dem Ausfluss auf dem Baursberge auch nicht die mindeste Ungleichförmigkeit zu bemerken ist.

Zur Versorgung des Windkessels, mit der nöthigen Luft, ist an dem Pumpenstiefel ein kleines Ventil angeschraubt, welches bei jedem Ansaugen ein sehr geringes Quantum Luft einlässt, und dadurch zugleich das Arbeiten der Ventile ausserordentlich erleichtert, indem diese Luft den hydraulischen Stoss aufnimmt, welcher die Folge jeder Umsetzung der Bewegungsrichtung ist.

Vor dem Windkessel ist aus dem Steigrohr eine Ableitung in das Saugrohr gemacht, welche zur gewöhnlich mit einem Ventil geschlossen, nach der Oeffnung desselben, die Entleerung des Steigrohres gestattet und bei der grossen Druckhöhe hierbei eine solche Wassergeschwindigkeit erzeugt, dass alle Ablagerungen, welche sich im Saugrohre gebildet haben, durch die Gewalt des Wasserstromes fortgeschwemmt werden, und dasselbe auf diese Art rein spülen. Mit der Verbindungsleitung ist auch ein Sicherheitsventil verbunden, welches sich bei Belastungen, grösser als die gewöhnlichen, öffnet.

Das Saugrohr, von dem Vacuumkessel zur Elbe gehend, ist aus 9 Fuss — ohne Muffe — langen Gusseisenröhren von 21 Zoll lichter Weite zusammengesetzt, welche in den Stössen ausgebohrt und gedreht, und mit Blei calfatert sind. Am Ende der 535 Fuss langen Leitung legt sich ein siebförmig geschlossenes Rohr in einen gusseisernen Kasten von 10 Fuss Breite, 8 Fuss Länge und 8 Fuss Höhe, welcher in einer, in das Elbbette gebaggerten Vertiefung auf Pfähle so gestellt ist, dass seine obere, mit einer Holzklappe schliessbare Oeffnung, mit dem Flussbette gleich ist, damit keinerlei Hinderniss für die Schifffahrt aus diesem Einbau erwachsen kann, eine Bedingung, welche die Strombau-Behörde gestellt hatte. Das Wasser tritt durch 3 Oeffnungen der Vorderwand in den Kasten, welche vergittert und durch ein Kupfersieb mit ½ Zoll weiten Maschen geschützt sind; vor dieser Wand ist eine Pfahlreihe geschlagen, vor welcher bis zum tiefen Fahrwasser der Elbe ein Canal ausgebaggert ist, damit die Einlassöffnungen des Kastens frei sind. Die Oberkante des Kastens liegt 4,₄ Fuss, die Mündung des Saugrohres 6,₄ Fuss unter Null, tiefer als die niedrigsten bisher beobachteten Ebbestände.

Das Legen des Saugrohres bot in dem moorigen, wasserreichen Grunde viele Schwierigkeiten, wurden indessen durch anhaltend niedrige Wasserstände wesentlich erleichtert, und konnte ohne Fangdamm bis auf die letzten 6 Röhren vollendet werden; diese wurden darauf auf einem Gerüst verbunden und gemeinschaftlich versenkt. In der Saugleitung, auf Null, ist ein Klapp- oder Rückschlagventil eingelegt, um bei niedrigen Ebbeständen das Wasser im Saugrohr zurückzuhalten; es schliesst sich, sobald die Maschinen stille stehen.

Der Saugkasten, welcher den Bedingungen der Schifffahrt freilich sehr wohl entspricht, ist nichts desto weniger ein schwacher Punkt der Anlagen; trotz der Nähe des tiefen Fahrwassers, schlämmt sich der Zuleitungscanal von Zeit zu Zeit wieder zu, und muss dann durch Ausbaggern gereinigt werden.

Im Maschinenhause befindet sich neben dem Eingange ein Manometer, welcher den Wasserdruck im Steigrohr, in hamburger Fussen, auf Null reducirt, anzeigt, und im ordentlichen Betriebe, zwischen 295 und 300 stehen muss; weicht der Zeiger wesentlich von dieser Stellung ab, so ist eine Unordnung im Steigrohre vorhanden, deren Untersuchung der Maschinenmeister dann sofort vorzunehmen hat. Ausserdem hat jede Maschine einen Zähler, welcher die Zahl der im Betriebe gemachten Hübe registrirt, und zur Controle des Maschinenmeisters und der Arbeit der Maschine dient, endlich auch ein Manometer für den Dampfdruck, und ein anderes für das Condensationsvacuum.

Ueber den Stand aller dieser Manometer, sowie über den täglichen Kohlenverbrauch wird ein genaues Journal geführt, aus welchem sich der Nutzeffect der Maschine, ihr relativer Kohlenverbrauch u. s. w. bestimmen lässt; auf diese während des Gehens der Maschine stündlich notirten Beobachtungen stützen sich die in Anlage No. III enthaltenen Betriebsresultate.

Alle Theile der Maschinen sind leicht zugänglich, und dieselben so vollständig balancirt, dass sie auf jeden gewünschten Punkte stehen bleiben. Ihr Gang ist sehr ruhig und gleichförmig, namentlich ist das Arbeiten der grossen, mit 110 ℔ per ☐Zoll belasteten Pumpenventile fast unhörbar; ohne das Geräusch der niederfallenden Steuerungshebel würden sie ganz lautlos arbeiten.

Bemerkenswerth ist die viele blanke, gehobelte und gedrehte, Eisenarbeit an den Maschinen, sowie die ungewöhnlich hellgrüne Lakirung, welche auf einer Umbra-Grundfarbe in ähnlicher

Weise ausgeführt ist, wie die bei den Luxuswagen übliche. Die Maschinen erhalten hierdurch ein ausserordentlich stattliches Ansehen, und sind in Folge dessen sehr viel besser rein zu halten als solche, die schon gleich nach der Aufstellung den häuslichen braunen Oel- und Rostüberzug erhalten, welcher sich bei der gewöhnlichen Art der Ausführung so bald einstellt. —

Kesselanlage. Die vier Kessel zur Erzeugung des Dampfes liegen neben einander in dem Kesselhause, und sind ihrer Construction nach s. g. Cornish-Kessel, von 27 Fuss 6 Zoll Länge, 5 Fuss 6 Zoll Durchmesser, mit einem inneren Flammrohre von 2 Fuss 9 Zoll Durchmesser; in diesem liegt der Heerd und Aschenfall, das Feuer geht durch desselben, wendet sich am Ende des Kessels zur Seite, geht an dieser bis vorne und dann unter dem Kessel durch an der andern Seite wieder nach hinten, und entweicht endlich in den Schornstein durch den allen Kesseln gemeinschaftlichen Rauchcanal. Die Züge sind so gross, dass ein Schornsteinfegerjunge dieselben ohne Beschwerde besteigen und reinigen kann, und ganz mit feuerfesten Steinen gemauert. Vorn am Kessel münden die Rohren von der Speisepumpe und zum Ablassen des Wassers; oberhalb hat jeder Kessel ein Auslassventil, aus welchem der Dampf in einen gemeinschaftlichen, quer über den Kessel liegenden Sammelkessel (Steamchest), und von hier zu der Maschine geleitet wird. Dieser Dampfsammler, von 2 Fuss 9 Zoll Durchmesser bei 27 Fuss 6 Zoll Länge, macht es möglich, nach Belieben jeden einzelnen Kessel oder alle zusammen zu heitzen, ohne weitere Mühe, als dass die Auslassventile der kalten Kessel geschlossen werden. Vorn auf jedem Kessel ist ein gewöhnliches Sicherheitsventil, hinten ein zweites, welches direct in den Schornstein abbläst; beide sind mit 30 ℔ per □Zoll belastet, das letztere, dessen Gewicht im Innern des Kessels sich befindet, ist aber so eingerichtet, dass es während des Betriebes der Kessel nicht höher beschwert oder festgestellt werden kann. Die Schwimmer mit Alarmpfeife auf jedem Kessel haben sich als gänzlich unbrauchbar bewiesen, sie pfeifen entweder gar nicht, oder ununterbrochen, und müssen deshalb gewöhnlich festgestellt werden. Auf dem Sammelkessel ist noch ein grosses Sicherheitsventil angebracht, mit Hebel und Gewicht, welches genau bei 30 ℔ abbläst, während die Maschinen gewöhnlich mit 26 bis 28 ℔ Dampf arbeiten. Der Sammelkessel ist mit einer 3 Zoll dicken Filzlage bekleidet, und über dieser mit Eisenblech überzogen, die Kessel liegen dagegen in ihrem oberen Theile frei, und verbreiten deshalb, namentlich im Sommer, im Kesselhause eine grosse Hitze.

Leistung und Kohlenverbrauch. Nach dem Contracte soll eine jede Maschine, bei 15 Umgängen pro Minute, 700 Gallons Wasser, mit 2 Ctw. engl. — 224 ℔ engl. Newcastle oder Waleskohlen Consum per Stunde auf den Baursberg schaffen; die Höhe des Einlassbassins ist 280 Fuss über Null, der Wasserstand der Elbe sei bei mittlerer Fluth zu 5 Fuss über Null angenommen, so dass sich bei einer Förderungshöhe von 275 Fuss engl. eine Nutzleistung, das ist wirklich verrichtete Arbeit, von

$$\left(\frac{700}{6.25 \cdot 60} \times 62.5 \times 275 \right) : 550 = 58.58 \text{ Pferdekräften}$$

ergiebt, welche einem Kohlenverbrauch contractlich von

$$\frac{224}{58.58} = 3.82 \text{ engl. per Stunde per Pferdekraft}$$

entspricht. Als Resultat von zwei 24-stündigen Proben, welche mit aller Sorgfalt und Genauigkeit ausgeführt sind, hat sich beim Gebrauche von 2 Kesseln

die Nutzleistung zu 62.45 Pferdekräften, der Kohlenverbrauch zu 3.88 ℔ p. St. p. Pf. beim Gebrauche von 3 Kesseln

die Nutzleistung zu 62.90 Pferdekräften, der Kohlenverbrauch zu 3.88 ℔ p. St. p. Pf. herausgestellt, wobei eine Maschine während der Dauer einer Probe ununterbrochen arbeitete, und die besten Waleskohlen gebrannt wurden.

In der Praxis ist ein ähnliches Resultat nicht zu erreichen, im Gegentheil stellt sich der Kohlenconsum wesentlich höher, namentlich zu solchen Zeiten, wo die Maschinen nicht ihr gehöriges Wasserquantum fördern. Nach Anlage II. dürfte als Durchschnitt des einjährigen Betriebes (1. Jan. bis 31. Decbr. 1860) der Kohlenverbrauch an guten trockenen Newcastle-Kohlen per Stunde per Pferdekraft ohne die Kohlen zum Anheizen u. s. w. . . . . . 4,₃₄ ℔ cölnisch,

mit derselben, Gesammtverbrauch . . . . . . 6.₃₆ „   „

betragen, während die beiden alten Maschinen der Stadt-Wasserkunst in Hamburg, welche nach dem Cornwall-Systeme construirt sind, einen Verbrauch von resp. 3¼ und 4 ℔ per. Stunde per Pferdekraft erfordern.

Von dem Windkessel der Maschinenanlage führt das Steigrohr, der Böschung des Berges Steigrohr. folgend, bis zu dem ersten Bassin auf dem Baursberge, in der auf Blatt II gezeichneten Lage und Steigung. Das Steigrohr ist aus 18 Zoll weiten, 9 Fuss ohne Muffe langen gusseisernen Röhren zusammengesetzt, deren Verbindungen mit Hanf und Blei calfatert sind; es steigt in der ganzen Länge von 2170 Fuss je nach der Terrainneigung verschieden, ohne dass irgend eine horizontale oder gar fallende Strecke vorhanden ist, in welcher sich die aus dem Windkessel mit fortgerissene Luft festsetzen und dadurch zu Stössen Veranlassung geben würde, welche dem Rohre sehr gefährlich werden könnten. Jedes Rohr ist vor dem Verlegen mit 600 Fuss Wassersäule probirt.

Von dem Steigrohre zweigt sich vor der Einmündung in das Bassin ein 16-zölliges Rohr ab, welches mit mehreren Bassins und der zur Stadt führenden Hauptspeiseleitung verbunden ist, um im Nothfalle mit Umgehung einzelner oder aller Bassins die Stadt direct von den Maschinen versorgen zu können.

Das Wasser, welches die Maschinen auf die Höhe des Baursberges heben, kommt hier Bassinanlagen in dem Zustande an, wie es sich in der Elbe vorfindet und muss, ehe es zum Consum tauglich auf dem Baurs-berge. ist, einen Reinigungsprocess durchmachen, welcher in den verschiedenen Bassins vorgeht, deren Grundriss und Profile auf Blatt II enthalten sind. Das Wasser fliesst zunächst in das mittlere Einlassbassin, von diesem durch eine in den „Strainers" (Sieben) enthaltene Kieslage in die Ab- Reinigungsart. lagerungsbassins, in welchen es durch ruhiges Stehen einen grossen Theil der mechanischen Beimengungen zu Boden sinken lässt, während die gröbsten Unreinigkeiten in den Einlass- und Strainerbassins bleiben. Das abgelagerte Wasser, schon wesentlich reiner als es in der Elbe war, fliesst von den Ablagerungs- in die tiefer liegenden Filtrirbassins, in welchen es durch eine starke Sand- und Kiesschicht durchsickert und dabei alle mechanisch beigemengten Theile oberhalb des Filtrirmaterials zurücklässt; aus den Sammelcanälen im Boden dieser Filter geht das nun kristallklare Wasser in das vor den Filtern liegende bedeckte Rein-Wasser-Reservoir, und von hier aus in der Hauptspeiseleitung zur Stadt. Das Wasser wird somit dreimal geläutert, es wird „gesiebt, abgelagert und filtrirt". Um diese drei Processe ohne Hülfe von Maschinenarbeit verrichten zu können, liegen die Bassins in zwei verschiedenen Höhenlagen terrassenförmig übereinander, so dass der tiefste Wasserstand immer noch über demjenigen, gleich dem höchsten in den niederen, den Filtern ist, und zwar 270 Fuss engl. — 287,₅₄ Fuss Hambg. über Null; es kann demnach alles in die oberen Bassins gepumpte Wasser in die unteren abfliessen.

Die oberen Bassins liegen in einer Reihe, in einer totalen Länge von 312 Fuss bei 66 Fuss Ablagerungs-bassins &c. Breite und sind nur durch Mauern von einander getrennt; ihre Tiefe ist 11 Fuss, von welchen 10 Fuss mit Wasser gefüllt werden können, deren höchster Stand also 280 Fuss engl. über Null ist. Das mittlere Einlassbassin, 29 Fuss 4 Zoll lang, 66 Fuss breit, sammelt das durch das Steigrohr kommende Wasser bis zu einer Höhe von 7 Fuss über dem Boden und lässt das weiter eintretende durch 5 Fuss breite Ueberfälle, drei in jeder Quermauer, in die nebenliegenden Strainer laufen; diese sind 5 Fuss hoch mit Steinen und Kies gefüllt und von den Ablagerungsbassins durch eine starke, auf den untersten 4 Fuss ihrer Höhe mit hohlen Stossfugen gemauerten Wand getrennt, so dass das über die Ueberfälle laufende Wasser durch den Kies und das durch die hohlen Fugen der Mauer in die Ablagerungsbassins gelangen kann und dabei die gröbsten Unreinigkeiten oberhalb des Kieses zurücklassen muss. In den beiden communicirenden Bassins stellt sich der Wasserstand natürlich gleich hoch. Die Ablagerungsbassins sind 138 Fuss lang, 66 Fuss tief und am Rande 11 Fuss, in der Mitte 12 Fuss tief, neigen sich also im Boden gegen einen Mittelcanal von 2 Fuss Tiefe und 2 Fuss 6 Zoll Breite; hierdurch wird die Reinigung und Fortschaffung des abgelagerten

3*

Schlickes sehr erleichtert; unter Zufluss von Wasser in diesen Canal gelegt, gelangt er in dünnflüssigem Zustande durch ein 9-zölliges Eisenrohr in das gemauerte Abflussiel.

Von der Mitte der schmalen Aussenmauer, dicht über dem Boden derselben, geht ein 14-zölliges Rohr aus, welches das abgelagerte Wasser zu den Filtern führt; von diesen sind im Ganzen vier vorhanden, je zwei mit einem Ablagerungsbassin verbunden, und jedes für sich zu gebrauchen, oder abzuschliessen, wenn es gereinigt werden muss. Die Filter haben jedes 66 Fuss Breite, 138 Fuss Länge, und 11 Fuss Tiefe vom Rande bis zum Boden. In dem horizontalen Boden liegt ein 15 Zoll vertiefter, 2 Fuss breiter und hoher Mittelcanal und auf dem Boden, senkrecht, gegen diesen, 14 mit hohlen Stossfugen gemauerte, 1 Fuss breite, 9 Zoll hohe Quercanäle, welche wie der Mittelcanal mit 3 Zoll starken Yorkshire-Sandsteinplatten abgedeckt sind. Der zwischen diesen Canälen verbleibende Raum ist mit Quarz- und Granitgesteinen, z. g. Findlingen von 6 bis 8 Zoll Durchmesser ausgelegt und darüber das Filtermaterial, Kies und Sand, eingebracht, so dass ein Filter von oben nach unten gerechnet enthält:

	Fuss	Zoll
rein gesiebten scharfen Sand	3	—
Kies von Erbsengrösse	—	3
„ „ Bohnengrösse	—	3
„ „ Haselnussgrösse	—	3
„ „ Wallnussgrösse (1—1½ Zoll)	—	6
Kiesel, bis Faustgrösse	—	9
	5 Fuss	— Zoll;
Canäle und grosse Steine	1	—
	6 Fuss	— Zoll.

Ueber diesem Filtermaterial ist noch eine Wasserhöhe von 4 Fuss, dessen höchster Stand 1 Fuss unter dem Rande des Bassins ist. Mit Zugrundelegung der Versuche, bei welchen die ganz ähnlich construirten, vom Ingenieur J. Simpson erbauten Filter der Lambeth- und der Chelsea-Wasserkunste in London, bei einem 8 Fuss starken Filtermaterial und 5 Fuss Wasser oberhalb desselben per Stunde 3½ engl. Gallons per □Fuss Filterfläche lieferten, würden die 4 Filter von zusammen 33,300 □Fuss Sandfläche während 24 Stunden ein Wasserquantum von 3,097.000 Gallons reinigen können, per Kopf der 50.000 Einwohner etwa 62 Gallons fast 10 Cubikfuss pr. Tag, eine Zahl, welche wegen der geringeren Dicke des Filtermediums eher zu klein als zu gross angenommen ist.

Das Filtermaterial ist theils an Ort und Stelle, theils aus entfernteren Kiesgruben gewonnen und sorgfältig gesiebt und gewaschen und darauf in den einzelnen Schichten mit grosser Genauigkeit eingeebnet und gelagert, so dass nach der Füllung mit Wasser sich keinerlei Sackungen gezeigt haben. Oberhalb des Sandes mündet das Einlassrohr für das abgelagerte Wasser in den Aussenmauern, unter welchem, am Anfüllungen des Sandes zu verhindern, eine Sandsteinplatte gelegt ist. Die von dem Mittelcanal ausgehenden Röhren vereinigen sich zu einer zwischen den Filtern liegenden gemeinsamen Leitung und führen durch diese das filtrirte Wasser in das Rein-Wasser-Reservoir; diese Leitung ist bei ihrem Eintritt in Letzteres bogenförmig aufgebogen, so dass die Ueberlaufkante des Standrohres genau die Höhe des Sandes in den Filtern hat, wodurch das Mitnehmen von Sand von den Filtern in die Leitung mit Erfolg verhütet wird. Der Wasserstand der Filter und des Reservoirs stellt sich stets gleich, und dient letzteres als Vorrathsraum, um namentlich bei plötzlichem starkeren Consum auszuhelfen, wenn einzelne Filter gerade gereinigt werden. Dies Reinigen geschieht nach Ablassen des Wassers durch Abschaufeln einer etwa 1 Zoll starken mit Schlick verunreinigten Sandschicht, mehrere Male jährlich, der entfernte Sand wird durch reinen ersetzt, oder auch rein gewaschen wieder eingebracht.

Die Ablagerungs- und Filtrirbassins sind ganz gleich, sämmtlich in Backsteinmauerwerk construirt und ringsum in eine Lage Thon oder „Puddle" eingeschlossen, welche sie wasserdicht macht, eine Vorsichtsmassregel, die bei dem aus reinem Sande bestehenden Baugrunde sehr nothwendig war. Unterhalb der Umfangsmauern sind dem Thone zur Erzielung grösserer Festigkeit rein gewaschene Kiesel von circa 2 Cubikzoll zugesetzt und dadurch eine Art Concret gebildet; alle sonstigen Puddlemassen sind von einem reinen fetten Thone, sorgfältig mit Wasser festgeschlagen und getreten hergestellt, welcher an zwei Stellen der Geest, nicht weit von der Baustelle entfernt, gegraben wurde. Der Thonschlag ist unter dem Boden 18 Zoll, hinter den Mauern unten 2 Fuss, oben 18 Zoll stark, und gleichzeitig mit dem fortschreitenden Mauerwerk eingebracht und hinterfüllt. Die Umfangsmauern sind auf 11 Fuss Höhe, 1 Fuss 9 Zoll dossirt, in drei Absätzen von resp. 3, 2½ und 2 Stein-Stärke (2 Fuss 3 Zoll, 1 Fuss 10½ Zoll und 1 Fuss 6 Zoll) aus rothen Backsteinen in Portlandcementmörtel (3 Thle. Sand, 1 Thl. Cement) hergestellt, auf den oberen 3 Fuss der Höhe mit hartgebrannten gelben Presssteinen von Fernsicht auf abwechselnd 1½ und 1 Stein vorgeblendet und mit Portlandcement ausgefugt, oberhalb sind die Mauern mit 6 Zoll starken Sandsteinplatten abgedeckt. Der Boden des Bassins ist auf dem Thone mit flachliegenden schlackig gebrannten rothen Steinen, in Portlandcement (1 zu 1) gelegt und gefugt, abgeputzert.

Das Rein-Wasser-Reservoir ist von verschiedener Construction. zugewölbt und 3 Fuss hoch mit Erde bedeckt, um die Einflüsse der Temperatur von dem Wasser abzuhalten. Unterhalb der Fundirung ist zur Herstellung einer gleichmässigen Unterlage eine durchgehend 1 Fuss starke Schicht von Portlandcement-Concret, 110 Fuss Quadrat eingebracht, und auf dieser die 8 Quermauern in Verbindung mit den Umfangs- und 2 Verbandmauern errichtet, welche das ganze Reservoir in 24 einzelne Theile zerlegen, die mit einander durch zahlreiche Thüröffnungen communiciren und mit Kuppengewölben abgedeckt sind. Dies Reservoir ist im Lichten 100 Fuss Quadrat, jede Abtheilung 10 Fuss breit, 32 Fuss 1 Zoll lang. Die Quermauern sind 1½, die äusseren Widerlagsmauern in 3 Absätzen 3, 2½ und 2, die Stirnmauern 2½, 2 und 1½ und die Kappen ½ Stein stark. Die Fundamente sind über dem Concret 1 Fuss hoch mit Thon ausgeschlagen und auf diesem ein Backsteinboden gelegt, über welchem das höchste Wasser 12 Fuss. der Scheitel der Gewölbe 13 Fuss 10 Zoll ist; die Umfangsmauern sind wie die Bassins mit Thon hinterfüllt. Die Lüftung ist durch eine Anzahl schornsteinartiger Aufsätze ermöglicht, für den Zugang eine Sandsteintreppe und für die Drainirung ein gusseisernes schliessbares Rohr eingelegt. Dem Einlassrohr gegenüber mündet das Speiserohr, welches von hier zur Stadt führt und durch ein Sieb vor Verunreinigung geschützt ist.

Die Leitungen, welche zu und von den Bassins führen, sind sämmtlich mit Schieberventilen oder Schossen versehen, so dass sie nach Bedarf geöffnet oder geschlossen werden können. Die tief in den Boden liegenden Schosse sind durch umgelegte, mit Eisenplatten abgedeckte Brunnen jederzeit zugänglich gemacht. In dem Einlassbassin und in jedem Filter ist ein Ueberlaufrohr eingelegt, damit alles über den höchsten Wasserstand durch Unachtsamkeit noch einfliessende Wasser durch das Siel abfliessen kann.

Ausser diesen, zu dem regelmässigen Betriebe der Bassins erforderlichen Theilen, ist für die Fälle einer Unterbrechung desselben eine Anzahl von Nothverbindungen zwischen denselben sowie dem Steigrohr und der Speiseleitung gemacht; die Mauern zwischen den Strainers und Ablagerungsbassins haben oberhalb mehrere, für gewöhnlich geschlossene Oeffnungen, so dass bei einer eintretenden Unbrauchbarkeit der Strainers das Wasser, ohne durch den Kies zu passiren. direct in die Ablagerungsbassins gelangen kann; zu demselben Zwecke liegt zwischen den beiden Ablagerungsbassins ein 18-zölliges Rohr, welches in dem Einlassbassin sich mit einer Klappe öffnen lässt. Mit Umgehung des Einlassbassins können die Ablagerungsbassins durch die 18-zöllige Nothleitung vom Steigrohre gefüllt werden, ebenso auch die Filter der Südseite direct von der Maschine Wasser erhalten. Eine besondere Leitung führt das filtrirte Wasser, mit Umgehung des Rein-Wasser-Reservoirs zum Speiserohr, und endlich erlaubt die Nothleitung die Versorgung der Stadt direct von den Maschinen, ohne irgend ein Bassin zu gebrauchen.

Nach den angegebenen Dimensionen enthalten im gefüllten Zustande die zwei Ablagerungs-

bassins zusammen.	176,000 Cubikfuss,
die Einlass- und Strainerbassins zusammen.	29,000 "
die vier Filterbassins zusammen	142,500 "
der Rein-Wasser-Reservoir	109,500 "
im Ganzen	457,000 Cubikfuss,

per Kopf der Einwohner fast 10 Cubikfuss, disponibeles Wasser, welches in dem höchsten Punkte der Stadt noch mit einem Drucke von 170 Fuss über der Strassenhöhe (anstatt 170 Fuss über Fluthhöhe der Concession), in den niedrigsten Gegenden mit 260 Fuss Druck geliefert werden kann. Für ausserordentliche Fälle, etwa bei einer grossen Feuersbrunst, würde die Wasserkunst im Stande sein, ausser dem obigen Vorrathe mit den beiden Maschinen noch je 160,000 Cubikfuss in 24 Stunden, im Ganzen etwa 770,000 Cubikfuss oder 4,800,000 engl. Gallons zu liefern, bei deren zweckmässiger Verwendung auch wohl das grösste Feuer mit Sicherheit überwältigt werden dürfte.

Die ordentliche Leistung einer Maschine würde in dem Falle erschöpft sein, wenn ein täglicher Consum von 160,000 Cubikfuss stattfände, in welchem Falle jeder Einwohner der Stadt durchschnittlich täglich das bedeutende Quantum von 3¹/₂ Cubikfuss oder ¹/₂ Oxhoft verbrauchen müsste.

Die symmetrisch vertheilten Reinigungsbassins sind mit breiten Kieswegen und grünen Rasenplätzen umgeben, und der ganze Platz mit einem 4 Fuss hohen Holzstaket eingefriedigt; innerhalb der Befriedigung stehen 2 Wohnhäuser, das eine für den Aufseher, das andere für den ständigen Arbeiter bestimmt, welche die Bassins unter ihrer ununterbrochenen Aufsicht haben. Es ist dies fortwährend, ganz besonders aber im Winter dringend nothwendig, damit die sich auf den Bassins bildenden Eisflächen ringsum auf etwa 2 Fuss Breite an den Mauern täglich mehrmals in Stücken gestossen, und so längs derselben möglichst freies Wasser gehalten wird; ohne diese Vorsicht würde die sich mit dem Wasser senkende Eisschicht, durch ihr Gewicht den unten enger werdenden Mauern sehr gefährlich werden können.

Speiseleitung   Von dem Baursberge aus führt eine gusseiserne Hauptspeiseleitung nach dem Westende von Altona, welche längs der Nordseite der Wedel-Blankenese-Altonaer Chaussee, die Ortschaften Dockenhuden, Nienstädten, kl. Flottbeck, Othmarschen, Oevelgönne, Neumühlen und Ottensen durchzieht. Mit der Chaussee fällt sie fast ununterbrochen bis Teufelsbrück, geht hier 2 Fuss unter Null neben der Brücke durch den Bach, und steigt dann bis zum Bahnhofsplatze in Altona. Von Blankenese bis zum Booth'schen Garten, auf 20,700 Fuss Länge hat die Leitung einen inneren Durchmesser von 16 Zoll, von hier bis zur Stadt auf 13,500 Fuss Länge, 15 Zoll; von ihr zweigen sich an passenden Stellen Nebenleitungen ab, von welchen aus die anliegenden Ortschaften und grossen Gartenbesitzungen mit Wasser versorgt werden, und mit deren Hülfe das Spülen der Speiseleitung möglich ist, namentlich durch den im tiefsten Punkte bei Teufelsbrück anzubringenden Spülauslass von 8 Zoll Weite, welcher geöffnet einen ausserordentlich starken Strom in dem ganzen Rohre hervorruft, und dadurch das Fortspülen aller aus dem Wasser abgesetzten Unreinigkeiten gestattet.

Die ganze 31.000 Fuss lange Leitung ist durch Schoose in 5 Theile zerlegt, so dass im Falle eines Röhrenbruches das betreffende Stück zwischen 2 Schoosen abgeschlossen und geleert werden kann, ohne dass die ganze Leitung von Wasser leer zu laufen braucht. Um beim Wiederfüllen die Luft aus der Leitung ablassen zu können, welche durch den Bruch eingedrungen ist, sind an den höchsten Punkten, an welchen sich die Steigerung der Röhren in Falle unsetzen, Lufthähne angebracht, welche während des Füllens geöffnet werden, und der Luft freien Abzug gewähren; sobald sich das Wasser einstellt, werden sie geschlossen. Das vorsichtige Ablassen der Luft aus den Röhren ist von der grössten Wichtigkeit; eine Unvorsichtigkeit, namentlich das zu rasche Einlassen des Wassers, hat zur Folge, dass sich in dem Wasser eingeschlossen stark comprimirte Luftblasen in der Leitung ansammeln, welche mit dem Wasser nicht gleichmässig, sondern stossweise fortrücken, und so an einzelnen Stellen der Röhren so starke Erschütterungen hervorrufen, dass ein Bruch die Folge ist.

Trotz der grössten Sorgfalt beim Füllen der leeren Leitung, imprägnirt sich dieselbe derart mit unzähligen kleinen Luftblasen, dass es einige Tage nachher in Altona milchweiss aus den Röhren kommt, eine Farbe, welche, von den vielen Luftblasen herrührend, sich im Augenblicke des Zapfens wieder verliert.

Die Hauptspeiseleitung erreicht die Stadt in der Klopstockstrasse, zweigt vor dem Bahnhofe ein 12-zölliges Rohr in das Hoch-Reservoir ab, und trennt sich hierauf an der Ecke von der Bahnhofstrasse und Palmaille in zwei, diesen Strassen folgende, Hauptleitungen; die Bahnhofstrassenleitung vermindert sich von anfänglich 13 bis auf 9 Zoll bis zur Holstenstrasse, indem sie gleichzeitig eine 6-zöllige Hauptleitung in die Königstrasse, eine gleiche in die grosse Bergstrasse abzweigt, und theilt sich von der Holstenstrasse in zwei 6-zöllige Arme, deren einer diese Strasse, der andere der grossen Allee und hamburger Strasse bis zur Grenze am Schulterblatt folgt, um den vergrösserten Anforderungen genügen zu können, welche die rasch zunehmende Bebauung dieses neuen Stadttheils in nicht ferner Zeit machen wird. Die Leitung der Palmaille geht von 9 bis auf 6 Zoll abnehmend bis in die Breitestrasse, und ist von dieser durch die Kirchenstrasse, Grünestrasse und Bleicherstrasse mit den Leitungen der König- und gr. Bergstrasse verbunden, so dass der grösste und höchst gelegene Theil der Stadt durch einen Ring von Hauptröhren umspannt ist.

Von den Hauptleitungen ab durchziehen Zweigröhren, von 5 und 4 Zoll Durchmesser, alle Strassen der Stadt, ein Netzwerk bildend, von welchem jedes Grundstück mit Leichtigkeit seinen Wasserbedarf entnehmen kann. Gegen die hamburger Grenze, über welche hinaus keine Ausdehnung möglich ist, vereinteln sich die Zweigröhren, ohne dass weitere Hauptleitungen gelegt sind, die bei dem starken Drucke und dem stark fallenden Terrain entbehrt werden können.

Die fünf Hauptsysteme des Röhrennetzes, welche von den verschiedenen Hauptleitungen abzweigen, sind in einer Anzahl Zweigleitungen durch Quer- oder Nothverbindungen direct mit einander vereinigt, so dass im Falle einer Unterbrechung in den regelmässigem Wasserlauf, bei vor fallenden Reparaturen oder Ausführungen von Ableitungen, die Versorgung der Strassen von anderer Seite geschehen, somit keine Belästigung für die Consumenten entstehen kann.

Um ganze Strecken und einzelne Zweige des Röhrennetzes absperren zu können, sind in den Hauptleitungen an passenden Stellen, an den Zweigleitungen jedesmal bei der Trennung vom Hauptrohr Schosse angelegt; diese sind gusseiserne Schieber, auf beiden Seiten mit Messing armirt, welche sich auf einer gleichartig armirten Sitzfläche des Gehäuses mit Hülfe einer starken Schraube von Kanonenmetall auf- und nieder bewegen lassen, deren Drehung von der Strasse aus durch einen aufgesteckten Schlüssel erfolgt.

Beim Hummel-, Nobis-, Trommel- und Schlachterbudenthor und bei Sommerweg, der Elbbrücke und Neuen Anfahrt sind die Zweigleitungen bis zum Grenzgrabensiel und zur Elbe geführt, um dieselben durch Oeffnen der zu den Ende angelegten Spülschosse entleeren und rein spülen zu können. Zu demselben Zwecke sind auch auf einer Anzahl von Zweigleitungen die Endröhren im Viertelkreis aufwärts gebogen, und in die sauber ausgedrehte Mündung ein etwa 4 Fuss langer Holzpflock eingetrieben; soll die Leitung gespült werden, so wird zunächst das Zweigschoss abgeschlossen, der Holzpflock herausgenommen, ein mit Bajonetteschluss in die Mündung fassendes Kupferrohr eingesetzt, und hierauf das Schoss wieder geöffnet. Diese Spülpfosten haben sich in Hamburg als Zweignothpfosten im Allgemeinen recht gut bewährt, in Altona, wo sie wegen des anfänglich sehr gelben Wassers häufig geöffnet wurden, waren sie dagegen fast immer undicht, eine Folge theils des höheren Druckes, theils auch von Verunreinigungen, z. B. Sand, Rostkörnchen &c., welche zwischen Pflock und Mündung eingeklemmt, den dichten Schluss beider verhinderten; sie werden deshalb nach und nach entfernt und durch Nothpfosten ersetzt.

Das gesammte, zum Betriebe der Wasserkunst gelegte Röhrennetz, sowohl innerhalb als ausserhalb der Stadt und mit Hinzurechnung der nicht von den Bauherrnehmern ausgeführten Zweigleitungen längst der Speiseleitung umfasst:

21-zöllige Saugleitung	540 Fuss,
15-zölliges Steigrohr	2,170 „
16-, 14- und 9 zöllige Röhren bei den Bassins .	2,930 „
16-zöllige Speiseleitung	20,700 „
15-zöllige „	13,300 „
6-, 4- 3-zöllige Zweigleitungen auf der Chaussee .	14,560 „
12- bis 6-zöllige Hauptleitungen in der Stadt . .	21,000 „
5- und 4-zöllige Zweigleitungen daselbst. . . .	72,000 „
zusammen	146,300 Fuss,

Standortder Rohrennetz.

Schosse.

Spülung

Länge der Leitungen.

oder 27,7 englische = 6 deutsche Meilen totale Länge. Sämmtliche Röhren sind von englischen Giessereien, namentlich von Losh, Wilson und Bell in Newcastle upon Tyne bezogen, die grösseren Dimensionen stehend gegossen, alle in Längen von 9 Fuss exclusive Muffen; jedes Rohr ist vor dem Verlegen mit einem Wasserdrucke von 18 Atmosphären oder etwa 600 Fuss Wassersäule probirt, im Gegenwart eines Angestellten der Gesellschaft, mit besonderer Sorgfalt die Röhren der Hauptspeiseleitung. Trotz der grössten Aufmerksamkeit bei dem Transportiren und Verlegen der Röhren und ebenso bei dem Füllen der Leitung mit Wasser, haben sich doch, wie bei jeder Wasserkunst, im Anfange des Betriebes eine Zahl Röhrenbrüche ereignet, welche freilich, namentlich im Vergleich zu der Berliner Wasserkunst, sehr gering ist, und auch keinen Grund zu weiteren Befürchtungen geben können, da sie nach nunmehr einjährigem Betriebe nur noch äusserst selten — seit 3 Monaten ein einziges mal — vorkommen. Die meisten dieser Brüche entstehen durch das Setzen des Erdreiches an den Stellen, wo unvorsichtigerweise zu tief ausgegraben war, die Röhren also auf losem eingefüllten Boden ruhen; andere sind die Folge von unachtsamer Behandlung der Röhren beim Transporte und Abladen, bei welchem dieselben leicht an den Enden aufspalten, namentlich wenn sie beim Abladen auf einen Stein fallen.

Röhrenbrüche   Grössere Röhrenbrüche lassen sich nur durch Einlegen eines neuen Rohres repariren, eine Arbeit, die wegen der vorerst nöthigen Zertrümmerung des geborstenen Rohres in den grösseren Leitungen viel Mühe und Zeit erfordert und grosse Kosten verursacht; kleinere Brüche, bei welchen das Rohr quer durchgebrochen oder in der Länge, jedoch nicht über einen Fuss aufgespalten ist, lassen sich sehr schnell mit Hülfe eines „Schraubencollers" repariren, welche aus zwei um die Bruchstelle gelegten, mit starken Schraubbolzen zu einem Ringe vereinigten Halbcylindern von etwa 18 bis 24 Zoll Länge besteht, deren innerer Durchmesser 1 Zoll grösser als der äussere des betreffenden Rohres ist. Dieser Zwischenraum wird nach dem Anziehen der Schrauben mit Hanf und Blei voll calfatert, in derselben Weise, wie die Muffen der gewöhnlichen Röhren.

Zur Sicherung gegen die Einwirkungen des Frostes liegen sämmtliche Röhrenleitungen mit ihrer Oberkante 5 Fuss unter der Strassenhöhe; scharfe Krümmungen und Steigungen sind möglichst vermieden, namentlich in den Hauptleitungen; sie konnten jedoch bei den theilweis sehr engen Strassen nicht ganz umgangen werden, so dass selbst scharfe Winkel an manchen Stellen gelegt werden mussten; Abzweigungen finden gewöhnlich im Winkel von 20 Grad statt. In der Stadt liegen die Wasserröhren auf der einen, die Gasröhren auf der andern Seite des Fahrweges, beide etwa 3 Fuss von den Trottoirkantensteinen entfernt, so dass die Mitte der Strasse zu künftigen Sielbauten frei bleibt.

Für die Verwendung des jederzeit in den Röhren mit starkem Drucke befindlichen Wassers zu den Zwecken der Feuerlöschung sind auf denselben, in passenden Abständen von ein-

Nothpfosten   ander, besondere mechanische Einrichtungen gemacht, die sogenannten „Nothpfosten", Blatt IV. Diese bestehen aus einem gusseisernen topfförmigen Gehäuse, welches auf einem aufrechten Ansatze des Rohres mit Flansch befestigt wird, und im Boden eine 3 Zoll weite Oeffnung enthält, auf welche ein gusseisernes, mit Lederscheibe gedichtetes Ventil durch eine in dem Deckel gelagerte Schraube niedergedrückt wird. Beim Lösen der Schraube hebt der Wasserdruck das Ventil, das Wasser tritt in das Gehäuse und durch eine im Deckel enthaltene Oeffnung in ein Kupferrohr, welches mit Schraube und Bajonettschluss an den Deckel befestigt wird; dieses Kupferrohr hat einen oberen, über das Strassenpflaster hervorragenden drehbaren Winkelkopf, an dessen Mündung ein Theilungsschlauch geschraubt werden kann, durch welchen das Wasser, in 3 Schlauchleitungen getheilt, zur Brandstelle zugeleitet werden kann, um entweder die Spritzen mit Wasser zu versorgen, oder auch durch den Druck der Kunst direct in das Feuer geschleudert zu werden. Die Pfosten sind mit einem eisernen Kasten umgeben, und dieser in der Höhe des Strassenpflasters mit einem Deckel verschlossen. Da der Pfosten etwa 4 Fuss unter der Strassenfläche liegt, so ist ein Kupferrohr von entsprechender Länge nöthig, dessen Befestigung, abgesehen von dem eigenen Gewichte, tief unter dem Boden, namentlich bei der mit jeder Feuersgefahr verbundenen Hast und

Anregung der Leute, sehr misslich und zeitraubend ist, auch die Herbeischaffung eines Rohres für jeden in Gebrauch kommenden Nothpfosten nöthig macht. Trotz dieser Bedenken hat die städtische Feuerlöschbehörde, die Brandcommission, diese Construction der von der Gesellschaft vorgeschlagenen der Hamburger Hauptnothpfosten vorgezogen, welche an ein von der Rohrleitung aus aufwärts gebogenes, unter dem Strassenpflaster mit einer Schlauchverschraubung endendes Rohr das directe Befestigen der Löschgeräthe zu ebener Erde gestatten und sich durch ein mit Entwässerungseinrichtung versehenes Schoss öffnen und schliessen lassen.

Die Nachtheile der ausgeführten Nothpfosten haben sich bereits sehr fühlbar gemacht, namentlich in Beziehung auf die erhöhten Unterhaltungskosten für die Gesellschaft; geräth zwischen den Ventilsitz und die Lederscheibe ein Sandkorn, kleines Steinchen u. dergl. so schliesst das Leder nicht dicht auf; der Schliesser zieht deshalb die Schraube fest an, und zerstört dadurch, ohne Verschulden, das Leder, welches, wenn auch noch so wenig beschädigt, das Aufgraben und Losnehmen des Pfostens nöthig macht, um ein neues einsetzen zu können, eine Arbeit, welche das Pflaster verdirbt und den Strassenverkehr belästigt. Ein anderer Uebelstand hat sich namentlich im Winter fühlbar gemacht; bei Regenwetter füllt sich der Kasten, welcher den Nothpfosten umschliesst, durch das Schlüsselloch des Deckels mit Wasser, welches in dem lehmigen Boden keinen Abzug finden kann, und somit bei plötzlich eintretendem Froste ausgepumpt werden muss, wenn der Kasten und dadurch der Nothpfosten nicht zufrieren soll. Wie lästig ein solches regelmässiges Auspumpen von mehr als 200 bei wechselndem Wetter auch ist, die Möglichkeit ist dadurch doch nicht ausgeschlossen, dass zufällig der Pfosten übersehen oder vergessen ist, welcher bei einem eintretenden Feuer am nothwendigsten gebraucht werden müsste.

Jede Sprütze des städtischen Löschwesens hat ein Kupferrohr mit Schlüssel und Schläuchen auf einem Gestelle jederzeit bei sich, damit im Falle des Gebrauches nichts vergessen wird. Das Kupferrohr wird aufgesetzt, die Schläuche angelegt und der Pfosten dann geöffnet; der bedeutende stets gleichmässige Druck der Kunst schleudert das Wasser in zölligen Strahlen bis weit über die höchsten Häuser hinaus, mit einer Kraft und Unversieglichkeit, deren sich keine durch Menschen bewegte Sprütze rühmen kann, ohne andere Hülfe als den rohrleitenden Mann. Bei dem im Laufe dieses Jahres vorgekommenen Feuersbrünsten, hat sich die Kraft und Nützlichkeit der Wasserkunst glänzend bewährt, und ist das Wasser theils mit Hülfe von Sprützen, (als Zwischeninstrumente,) theils direct aus den Schläuchen zur Verwendung gekommen, stets aber in ausserordentlich kurzer Zeit, mit einem kleinen Theile der sonst nöthigen Arbeitskräfte das Feuer gelöscht worden.

Den grossen Vortheil, welchen eine jederzeit vorhandene reiche Wasserversorgung bei Feuersgefahr herbeiführt, haben auch einzelne Dorfschaften längs der Speiseleitung, namentlich Blankenese, sich nutzbar zu machen gewusst, indessen ist noch lange nicht das geschehen, was im Interesse der allgemeinen Sicherheit zu wünschen wäre; hoffentlich werden die Gemeinden sich zu dieser Neuerung entschliessen, ehe ein grösseres Unglück die Sorglosigkeit bereuen lässt.

Um die Auffindung der Schosse und Nothpfosten jederzeit zu sichern, sind in der Nähe derselben Schilder mit der Bezeichnung der Art der Einrichtungen und ihrer genauen Entfernung von dem Schilde angebracht, welche in folgender Art bezeichnet sind:

Hauptschoss; Nothschoss; Nothpfosten; Spülpfosten;

Zweigschoss; Spülschoss; Endnothpfosten.

Die grosse Entfernung der Wasserkunstanlagen von der Stadt, im gewöhnlichen geordneten Betriebe ohne Einfluss, hat jedoch die Möglichkeit einer Gefahr nicht verkennen lassen, indem im Falle eines Röhrenbruches in der Hauptspeiseleitung von Blankenese bis Altona die Versorgung plötzlich wesentlich vermindert, unter Umständen auch ganz unterbrochen werden könnte. Ereignete sich ein solcher Bruch zur Zeit einer Feuersbrunst, möglicherweise hervorgerufen durch die unvorsichtige Handhabung der Nothpfosten und die hierdurch eintretenden Geschwindigkeitsänderungen und Stösse, so könnte ein grosser Schaden die Folge sein, weil im

4

Vertrauen auf die Sicherheit der Wasserversorgung alle bisher unterhaltenen Wasserquellen versiegt oder unzugänglich, die Löschanstalten somit nutzlos sein würden; auch dem regelmässigen täglichen Consume müsste die durch das Abschliessen der Speiseleitung, bei Reparaturen u. dergl. hervorgerufene Unterbrechung sehr lästig sein, und ist deshalb die Gesellschaft auf eine Abhülfe dieser Unterbrechungen bedacht gewesen.

Nach der städtischen Concession hatte die Gesellschaft ein Wasserreservoir von mindestens 8000 Cubikfuss Inhalt, 125 Fuss über Fluthhöhe zu erbauen, zu welchem als Bauplatz ein städtisches Grundstück in der kleinen Mühlenstrasse ersehen war. Bei der Verlegung der Anlagen nach Blankenese musste dieses Reservoir eine besondere Wichtigkeit erhalten, und wurde deshalb mit der Altona-Kieler Eisenbahn verhandelt, um von ihr ein besser und höher gelegenes Terrain abgetreten zu erhalten. Das Resultat war ein Vertrag beider Gesellschaften, durch welchen die Eisenbahngesellschaft eine neben dem Hauptgebäude an der Palmaille liegende Landfläche der Wasserkunst einräumte, um auf derselben ein Wasserreservoir zu erbauen und dieses mit der Wasserleitung des Bahnhofes zu verbinden, welche durch die am Elbquai für den Betrieb der geneigten Ebene errichtete Maschine mit ungereinigtem Elbwasser versorgt wird. Das auf Grund dieses näher, und zwar im gegenseitigen Interesse, mit Genehmigung der städtischen Behörden, geschlossenen Contractes an der Palmaille neben dem Hauptgebäude des Bahnhofes erbaute Hochreservoir, enthält ein Wasserquantum von 16,000 Cubikfuss, auf einer Höhe von 135 Fuss über Null, bedeutend mehr als die Concession verlangt, und kann während der Unterbrechung der Blankeneser Zuleitung die Stadt auf 10—16 Stunden wohl versorgen; in Nothfällen, und wenn die Unterbrechung länger dauern müsste, als der Vorrath des Reservoirs reicht, kann mit Hülfe der Eisenbahnmaschine dasselbe wieder gefüllt werden, freilich mit ungereinigtem Elbwasser, welches jedoch, ehe es in die städtischen Röhren gelangen kann, durch ein Sieb mit sehr feinen Maschen gehen, und vor demselben alle gröberen Verunreinigungen zurücklassen muss. Die Maschine kann nach den Angaben der Eisenbahn per Stunde 3000 Cubicfuss liefern, so dass sie in Verbindung mit dem Vorrathe des Hochreservoirs, nach menschlicher Voraussicht, für alle möglichen Ansprüche ein genügendes Wasserquantum liefern wird, um selbst in ausserordentlichen Fällen den Ansprüchen genügen zu können, und die Wasserkunst auf diese Weise, selbst bei Störungen in ihrem ordentlichen Betriebe, der Stadt jederzeit mit Fülle und Sicherheit das Wasser, das nothwendigste und unentbehrlichste Element des täglichen Lebens, wird liefern können.

Hochreservoir.

Das Hochreservoir liegt auf dem höchsten Punkte Altona's, auf einer Strassenhöhe von 111 Fuss über Null*), und ist ausserhalb des Contractes mit den Herren York & Co. nach den Plänen des Herrn Lindley vom Verfasser ausgeführt. Das eigentliche, gusseiserne Reservoir steht auf einem massiven Unterbau und enthält, bei 42 Fuss 8 Zoll Durchmesser und 12 Fuss Höhe, wenn bis auf 3 Zoll vom Rande gefüllt, ein Wasserquantum von 16,000 Cubikfuss, im Gewicht von fast einer Million Pfunden) dieser bedeutenden Belastung entsprechend ist der Unterbau, auf dem aus festem Lehm bestehenden Baugrunde, 4 Fuss unter Strassenhöhe auf einer durchgehenden Schicht von 57 Fuss 4 Zoll Durchmesser fundamentirt, auf dieser zwölf Mauern, je zwei parallel zu einem der 6 Radien und rund um die Mitte in starken Pfeilern vereinigt, angelegt, und die so entstehenden Räume mit umgekehrten oder Erdbögen unterwölbt, so dass die Belastung möglichst gleich über die ganze Fläche der Fundamente vertheilt wird. Im Umfange des äusseren Kreises liegen 12 starke dossirte Pfeiler, welche mit Bögen überspannt sind, und mit den zwischenliegenden Stirnmauern eine Anzahl vier- und dreieckige, unterhalb des Reservoirs mit Kreuz-Kappen zugewölbte Räume abschliessen. Die inneren Mauern gehen nur bis zum Boden des Reservoirs, und tragen dasselbe theils direct, theils mit Hülfe von eingelegten starken Gusseisensäulen, während die Aussenmauern, ringsum das Reservoir einen Umgang bildend, oberhalb der Arcaden fortlaufen und eine schmiedeeiserne Dachconstruction unterstützen, welche sich über die ganze Weite frei trägt, so dass das Reservoir vollständig unbelastet nur dem Drucke des eingeschlossenen Wassers zu widerstehen hat.

---

*) Alle Maasse, mit Ausnahme der Röhrenweiten und Eisenstärken in Hamburger Fussen (1 Hbg. F. = 0.94031 F. engl.)

Die Mittelpfeiler sind 2½, die inneren Mauern zwischen diesen und die Aussenmauern 2, die Quermauern, bei 25 Fuss Höhe nur 1½ Stein stark. Der ganze Unterbau ist von gut gebrannten rothen Backsteinen in Portlandcementmörtel (2 Thl. Sand, 1 Thl. Cement) hergestellt, die Aussenflächen resp. 1 und 1½ Stein stark mit gelben Presssteinen der Ziegelei Fernsicht vorgeblendet, mit Portlandcementmörtel, gleich beim Vormauern ausgefugt, und nach der Vollendung der Maurerarbeiten mit stark verdünnter Salzsäure abgewaschen. Profilsteine sind nur in wenigen, einfachen Formen angewendet, als Abdeckung der Arcaden und Fensterbögen Gussstücke von Portlandcement und Sand, ähnlich wie Sandsteinquader eingesetzt.

Das kuppelförmige Dach wird durch 4 sich überschneidende Hauptbinder und zwischen diese eingesetzte Mittelsparren getragen, welche von Schmiedeeisen nach dem Dreiecksystem bei 48 Fuss 6 Zoll freier Länge mit 6 Fuss 8 Zoll Pfeilhöhe construirt sind. Die Eindeckung ist von ⅛ Zoll Eisenblechplatten, an den Stössen in zwei Reihen genietet, wie die Glocke eines Gashalters ausgeführt, und in ihrer Mitte ein Lüftungsaufsatz aufgesetzt, durch welchen, in Verbindung mit den Fenstern der Umfangmauer, eine kräftige Ventilation in der heissen Jahreszeit hergestellt werden kann. Die Rinne, von Gusseisen als Hauptgesims profilirt, und aus einzelnen mit Falz über einander fassenden Stücken gebildet, entwässert durch 6 Regenröhren, welche im Innern des Gebäudes hinunter und durch ein Siel zur Elbe führen. In diese Regenröhren münden auch Abflussröhren, welche von den mit Asphalt abgedeckten Gewölben das Leckwasser, im Falle von Undichtigkeiten des Reservoires, direct abfliessen lassen.

Das Reservoir, der Haupttheil des Baues, ist im Boden aus einer Anzahl kreissegmentförmigen Platten, in den Wänden aus drei übereinanderstehenden Ringe von Gusseisenplatten hergestellt, welche durch starke Schraubbolzen und Flanschen verbunden, und mit Schiffmannsgarn und Mennigkitt verstemmt sind. Die Platten haben im Boden ¾, in den Wänden resp. ⅞, ⅝ und ½ Zoll engl. Wandstärke; zur Erhöhung der Festigkeit sind ausserhalb der Wandplatten starke schmiedeiserne Bänder umgelegt, welche durch rechte und linke Schraubnmuttern möglichst straff angespannt wurden, ehe die Füllung des Reservoirs stattfand.

In das Reservoir führt ein 12-zölliges Einlassrohr, aus seinem Boden ein gleiches Auslassrohr, mit überstehendem feinmaschigem Siebe, bis zur Hauptleitung, beide durch Schosse zu reguliren; ein Ueberlaufrohr führt alles zuviel eingelassene Wasser in das Siel ab, ein Spülrohr gestattet das gänzliche Entleeren des Reservoires, falls das Wasser verunreinigt sein sollte. Um das Gefrieren des Wassers zu verhindern, steht im Unterbaue ein geneigter Röhrenheizkessel, welcher, mit dem Reservoir durch Steig- und Fallröhren verbunden, die Erhaltung der Temperatur des Wassers über dem Gefrierpunkte selbst bei strengen Wintern möglich macht.

Das Reservoir und alles sonstige Eisenwerk ist mit einer von England bezogenen s. g. „Protoxyd Farbe" viermal gestrichen, welche man namentlich für das erstere deshalb empfiehlt, weil sie kein Blei enthält, das Wasser also nicht verunreinigen kann; ihre schöne steingraue Farbe macht sie sehr geeignet für äusseren Anstrich.

Die Räume des Unterbaues sind zur Wohnung für einen Schossschliesser eingerichtet, welcher die stete Ueberwachung des Reservoires zu beachten hat, namentlich, dass es stets mit gutem reinen Wasser ganz gefüllt ist, um im Falle der Noth sofort in Gebrauch genommen zu werden. Bei dem sehr viel stärkeren Blankeneser Drucke (287 gegen 147 Fuss) ist es nicht möglich, das Hochreservoir regelmässig zu benutzen, es lässt sich jedoch, selbst in heissem Sommer, das Wasser desselben bei einiger Aufmerksamkeit, wegen der guten Ventilation stets vollständig frisch erhalten, wenn nur zuweilen die oberste Schicht abgelassen und neu eingefüllt wird.

In der Mittelhalle des Unterbaues ist eine mit einem Schwimmer verbundene Skala, zum Anzeigen des Reservoirwasserstandes und ausserdem ein Druckmesser oder Quecksilbermanometer aufgestellt, welches den Druck in der Speiseleitung, in Hamburger Fussen auf Null reducirt, angiebt, und bei einem Quecksilberrohre von 1 Zoll engl. Durchmesser so empfindlich ist, dass die geringsten Schwankungen des Druckes zu bemerken sind. Der Stand dieses Manometers wird stündlich notirt, und giebt, abgesehen von den Schwankungen in Folge des stärkeren Consumes zu einzelnen Tagesstunden und bei Feuersgefahr, bei einem Drucke, der beträchtlich geringer als 280 Fuss ist, dem Schossschliesser

Dach-construction.

Reservoir.

Druckmesser.

sofort die Anzeige, dass an der Hauptspeiseleitung eine Unregelmässigkeit vorgekommen sein muss; er hat sodann, den Umständen nach, sofort Meldung zu machen, oder auch. wenn der Druck zu tief wegfällt, sofort die Hauptspeiseleitung ab- und das Hochreservoir anzuschliessen, damit die Versorgung der Stadt keinenfalls unterbrochen wird. Die bisher vorgefallenen grösseren Röhrenbrüche hat der Druckmesser stets so früh angezeigt, dass schon, bevor die Nachricht des Unfalles zur Stadt kam, die Arbeiter zum Abschliessen und zur Reparatur unterwegs waren.

Einrichtungen
für Privatconsum-
menten

Die Versorgung der Grundstücke geschieht von den Zweigleitungen aus, in der Regel durch Bleiröhren, welche sich, ihrer Biegsamkeit wegen, den vielen Zufälligkeiten der baulichen Einrichtungen am leichtesten anschliessen; die Enden der Bleiröhren werden aber eine Messingconus gelöthet, welcher in ein zu dem Ende in das Strassenrohr gebohrtes Loch eingeschliffen und mit einem umgelegten Eisenschraubbügel festgeklemmt wird. Die Bleiröhren sind für gewöhnliche Hausversorgungen ¹/₄, für grössere 1 bis 1¹/₂ Zoll im Lichten weit; noch grössere Zuleitungen, für Fabriken u. dergl. werden besser aus Gusseisenröhren, 2- und 3-zöllig anzulegen sein. Jede Zuleitung zu einem Privatgrundstücke muss mittelst einer besonderen Abschlussvorrichtung abzusperren sein, um dieselbe, ohne Belästigung des Betriebes, jederzeit absperren zu können.

Bei dem gleichmässigen, in allen Punkten der Stadt sehr starkem Drucke der Wasserkunst, wird der Bedarf an Wasser in den meisten Fällen den Zuleitungen direct entnommen, ohne dass ein besonderes Sammelreservoir eingerichtet ist; diese Art der Versorgung, welche die Anlagekosten durch die Ersparung des Reservoirs und der Steigleitung zu demselben wesentlich verringert, hat indessen den grossen Nachtheil, dass der Abnehmer zu Zeiten, wegen der unvermeidlichen Absperrung der Strassenleitungen, z. B. bei dem Anschliessen neuer Consumenten, Spülungen u. s. w., nur mangelhaft oder gar nicht mit Wasser versorgt sein wird, so dass eine wirklich ununterbrochene Versorgung nur mit Hülfe gehörig grosser Reservoirs zu erreichen ist. Diese, von Holz, Metall, (Kupfer, Gusseisen,) Schiefer oder Stein, werden zweckmässig auf einen hohen Punkt des Gebäudes, den Dachboden, gestellt, und müssen mit einem selbstregulirenden Ventil mit Schwimmkugel, sowie mit einem Sicherheits- oder Ueberlaufrohr versehen sein, damit sie sich stets bis zur Höhe dieses Rohres ohne Beihülfe gefüllt erhalten; als passende Grösse dürfte sich, nach der Anweisung der Gesellschaft, ein Inhalt von etwa 2 Cubikfuss für jeden Thaler R.-M. = ¹/₄ ₰ Courant des jährlichen Wassergeldes *) empfehlen.

Alle Leitungen des Reservoirs müssen so angelegt werden, dass sie möglichst gegen das Einfrieren geschützt sind, die Röhren im Grunde nicht unter 3 Fuss tief, freie Röhren zu umkleiden, und mit Entwässerungen zu versehen, so dass sie gänzlich entleert werden können. Alle diese Anlagen, obgleich Eigenthum der Hausbesitzer, unterliegen der Aufsicht und Controlle der Gesellschaft, welche sich gegen Verlust, unrechtmässige Verwendung des Wassers schützen muss, gleichzeitig auch den Consumenten über unzweckmässige Anlagen ihren Rath zur Besserung ertheilt.

Der grosse Druck, unter welchem dies Wasser den Abnehmern geliefert wird, und welcher bis zu 95 bis 100 Pfund pro Quadratzoll in den tieferen Gegenden der Stadt steigt, macht es zur Nothwendigkeit, das Oeffnen und Schliessen der Leitungen, behufs der Wasserentnahme, mit grösster Sorgfalt vorzunehmen, weil ohne diese, namentlich der in Folge des plötzlichen Zudrehens eines Hahnes herbeigeführte starke Wasserstoss das Zuleitungsrohr zersprengen und Ueberschwemmung der Häuser herbeiführen würde. Aus diesem Grunde muss die Anwendung der gewöhnlichen eingeschliffenen conischen (Küken-) Hähne ganz ausgeschlossen sein, weil diese sich selbst mit Vorsicht nicht so langsam schliessen lassen, wie es die Sicherheit der Leitungen erfordert, und statt deren die in neuerer Zeit in vielen Variationen in England patentirten Schraubenhähne verwendet werden, bei welchen der Abschluss durch eine mittelst einer flachgängigen Schraube langsam niedergehenden Kautschuk- oder Lederdichtung bewirkt wird; die hier vorzugsweise verwendeten Schraubenhähne sind nach dem Lambert'schen Patente, mit Kautschukplatte construirt, ausserdem noch die Chrimes'schen Lederdichtungshähne, sowie für einzelne Zwecke

*) Den Preis von 1 Schilling Courant = ¹/₁₀ ₰ für jede 15 Cubikfuss Wasser vorausgesetzt, welcher dem Wassergelde zu Grunde liegt.

die Aird'schen Schraubenstempelhähne angewendet. Aus demselben Grunde muss auch jedes in einem Zapfhahne endende Leitungsrohr mit einem aufwärts gebogenen, im Ende zugekniteten „Windkessel" versehen sein, welcher, mit Luft gefüllt, zur Aufnahme der Wasserstösse geeignet ist.

Eine der wohlthätigsten Folgen einer reichlichen Wasserversorgung ist, namentlich in zahlreich bewohnten Gebäuden, die Möglichkeit der Anlage von Water-Closets oder Aborten mit Wasserspülung, welche bei guter Construction vollständig geruchlos zu halten sind, sehr im Gegensatz zu den verrufenen gewöhnlichen Anordnungen, deren übler Geruch sprichwörtlich geworden ist. Ein gutes Water-Closet muss mit einem verhältnissmässig geringen Wasserquantum, etwa mit ½ bis ¾ Cubikfuss, vollständig von allen Verunreinigungen befreit und völlig rein gespült werden können, und nach dem Gebrauche durch seinen Wasserschluss das Aufsteigen von üblen Gerüchen aus dem Abflussrohr ganz unmöglich machen. Freilich müssen die unreinen Abflüsse entweder nach einer Schwindgrube oder besser nach einem unterirdischen Siele oder Schmutzcanale abgeleitet werden. wenn die Einrichtung von Water-Closets überall möglich sein soll, so dass sich der grösseren Verbreitung dieser an sich so nützlichen Anlagen bisher noch die grosse Schwierigkeit widersetzt hat, dass Altona sehr arm an Sielen, und erst ein sehr kleiner Theil der Stadt der Vortheile einer leichten und zweckmässigen Entwässerung theilhaftig geworden ist. Es lässt sich jedoch auch ohne Siele in vielen Fällen eine zweckentsprechende Abführung der Abflüsse in eine gut angelegte Schwindgrube erreichen, ohne üble Gerüche für die Nachbarschaft besorgen zu müssen; namentlich wenn die von der Gesellschaft vorgeschriebenen Closeteinrichtungen acceptirt werden, durch welche bei jeder Benutzung nur ein bestimmtes, aber völlig ausreichendes Quantum Wasser zur Spülung ausfliessen kann. Indem nämlich der Benutzende sich auf das Sitzbrett des Closets setzt, senkt sich dieses um etwa ½ Zoll, es öffnet einen Hahn, welcher einen das Spülquantum fassenden, mit Schwimmerhahn und Ueberlauf versehenen Behälter anfüllt; nach dem Gebrauche hebt sich das Sitzbrett wieder, der Hahn kommt in seine veränderte Stellung und lässt das in dem Behälter enthaltene Wasser zur Reinigung des Closettopfes auslaufen. Anstatt dieser Selbstregulirung lässt sich eine andere durch Mechanik beim Oeffnen und Schliessen der Thür (doppelte Spülung) einrichten, und auch wie beim gewöhnlichen Closet mit Handzug beweglich machen. In allen Fällen muss jedoch die jedesmalige einfache oder doppelte Spülung nicht mehr als resp. 1 und 1½ Cubikfuss Wasser erfordern, so dass die unsinnige Vergeudung, welche unverständige Consumenten häufig durch Tag und Nacht ununterbrochenes Laufenlassen des Closets herbeiführen, um ihre übelriechenden Closets nur noch mehr riechend zu machen, unmöglich gemacht wird.

Die gebräuchliche Art der häuslichen Wassereinrichtungen ist die Hinleitung in alle Etagen der Häuser, um in der Küche über einem zur Abführung des unreinen Wassers angelegten Hundsteine den ganzen täglichen Bedarf zu entnehmen; vollkommnere Anlagen leiten das Wasser direct in die Waschbecken der Schlafkammern und Arbeitsräume, füllen die Wannen der Badestube mit frischem reinen Wasser, und gestatten so den mühelosen reichlichen Gebrauch des besten Schönheitsmittels zur Förderung der Gesundheit der Menschen. Dem Unbemittelten würden alle solche Anlagen indessen zu kostspielig sein, für diese wird ein Zapfhahn im Hofe oder an der Strassenfronte des Hauses, gemeinschaftlich für alle Bewohner desselben, angelegt, aus welchem sie sich ihren Bedarf entnehmen können.

Den Armen, welche durch das städtische Armenwesen unterstützt werden, liefert die Wasserkunst durch die in jedem Stadtquartiere angelegten Freibrunnen täglich während zweier Stunden ihr Wasser unentgeltlich, so dass ein jeder Bewohner der Stadt die Vortheile einer reichlichen Wasserversorgung geniessen kann.

Auf Grund des städtischen Contractes liefert die Gesellschaft ihren Abnehmern in Altona das Wasser zu dem Preise von 1 Schilling — ⅟₁₆ Thlr. Courant für 15 Cubikfuss hamburger Maass nach Wassermessern; um jedoch, besonders kleineren Abnehmern, die Anlage- und Unterhaltungskosten dieser Wassermesser zu ersparen, liefert sie denselben das Wasser ungemessen, gegen structlich festgestellten Beträgen für alle häuslichen, unter Umständen auch geschäftlichen Zwecke, auf Grund des in Anlage No. III angehängten Regulatives.

rössere Consumenten, Fabrikanten, Gartenbesitzer, industrielle Etablissements etc., gen zur Wasserversorgung schon an sich grössere Kosten verursachen, empfiehlt neun die Anwendung von Wassermessern als das Zweckmässigste, während im en gewöhnlichen häuslichen Verbrauch ihre Verwendung als entschieden unprac- werden muss. Ein Wassermesser ist immer ein sehr zerbrechliches und kost- ent, dessen Reparaturen und Capitalverzinsung reichlich die Vortheile aufwiegen, m, vielleicht in Folge der grösseren Sparsamkeit erzielten, geringeren Wasserver- n könnten; davon abgesehen ist es bisher noch nicht gelungen, einen Wasser- iren, welcher wirklich für längere Zeit genau registriren würde, namentlich für hohen zem Consume. Der beste Hochdruckwassermesser, von Siemens in London nach r schottischen Turbine (Barker's mill) construirt, giebt nach der Beschreibung des ifferenzen bis zu 5 Procent, welche, wenn auch zu Gunsten des Abnehmers bei der Skala angenommen, für den kleinen Consum zu beträchtlich sind, während ässig, sich bei starkem Verbrauche wesentlich verringern; unter ungünstigen Um- r Wassermesser überhaupt gar nicht an, ist auch, namentlich bei kurzen Leitungen, s unvorsichtig rasches Schliessen eines Hahnes total unbrauchbar zu machen, so dass desselben für gewöhnlichen häuslichen Consum von der Gesellschaft mit vollem Interesse ihrer Abnehmer, nicht gestattet werden kann. Für bedeutenderen Consum, r einigermassen sicheren Taxation durchaus entzieht, giebt es dagegen gar keinen eigneteren Messapparat, als eben diese Siemens'schen Wassermesser, welche zu bereits in England und Deutschland eine ausgedehnte Verwendung gefunden haben.

diesen Hochdruckwassermessern, welche den Gebrauch des durchfliessenden m grössten Theile des Druckes der Wasserkunst — abzüglich des für die Bewe- s aufgezehrten — gestatten, hat sich eine zweite Construction, der Parkinson'- messer, sehr gut, in Beziehung auf Genauigkeit noch besser bewährt, bei welchem h eine mit Zellen versehene Messtrommel übergefüllt und ganz nach dem Systeme en Gasuhren gemessen wird, nachdem vorher, durch einen sehr sinnreich con- aho der Druck der Kunst vollständig aufgehoben ist. Das Wasser entfliesst diesen anz ohne Druck, bei gleichem Röhrenquerschnitt also auch in viel geringerem ss dieselben bei gleichzeitiger Anwendung eines grösseren, hochgelegenen it Nutzen gebraucht werden können, ohne ein solches den Consum sehr erschweren, uchszwecke ganz unmöglich machen. Der Preis dieser Niederdruckmesser ist ch geringer als der der Hochdruckmesser,*) doch muss, wegen der geringeren bei gleichem Bedarfe eine grössere Zuleitung und eine grössere Sorte Messer m, als bei diesen, so dass, namentlich unter Zurechnung der Anlagekosten eines res die Anschaffung eines solchen Messers um wenig billiger ist, als die der Hoch- beiden Fällen aber in einem solchen Missverhältniss zu den Kosten einer gewöhn- i Wassereinrichtung steht, dass von der Anwendung derselben, ausser für grosse itschieden abgerathen werden muss.

Preis und das Lieferungsquantum bei 150 Fuss absolutem Druck stellt sich für Altona:

Hochdruckmesser:		Parkinson's Niederdruckmesser:		
Wasserlieferung pr. Stunde.	Preis.	Zuleitung	Wasserlieferung pr. Stunde.	Preis.
ca. 95 Cubikfuss	Crt. 83½	½ Zoll	20 Cubikfuss	Crt. 42
„ 190 „	„ 94	¾ „	40 „	„ 51
„ 480 „	„ 98	1 „	75 „	„ 71
„ 730 „	„ 132	1¼ „	140 „	„ 89
„ 960 „	„ 162			
„ 1340 „	„ 277			

Die Lieferung des Wassers ungemessen und in solchen Quantitäten, wie sie für den reichlichen Verbrauch einer Haushaltung, ohne muthwillige oder leichtsinnige Vergeudung, erforderlich sind, gegen Zahlung eines festen jährlichen Beitrages, ist ganz gewiss für alle Abnehmer das beste und zweckentsprechendste Mittel, um sich der Vortheile eines Anschlusses an die Wasserkunst vollständig zu versichern. Die Taxe, zur Bestimmung des jährlichen Wassergeldes, in der Anlage No. III für die Stadt Altona vollständig enthalten, gründet sich auf einen bestimmten Beitrag für jedes Wohn- und Schlafzimmer, Küchen u. s. w., sowie für jedes sonstige Gebrauchsobject, wobei der contractliche Preis von 1 β für 15 Cubikfuss und der auf langjährige Erfahrung basirte durchschnittliche Verbrauch zu Grunde gelegt ist. Beispielsweise ist der Beitrag für jedes Zimmer, Küche, Waschküche u. s. w. für ein Jahr 2 ℳ 8 β = 1 Thlr. Courant, wofür ein Quantum von 600 Cubikfuss geliefert werden muss; es giebt dieses einen täglichen Verbrauch von 1½ Cubikfuss, oder etwa 2½ Eimer Wasser, ein Quantum, welches für die Küche und Waschküche viel zu klein, für die Schlafzimmer wohl richtig, für die Wohnzimmer aber etwas zu gross ist, so dass im Durchschnitt der wirkliche Verbrauch eher grösser als kleiner sein wird, wie dies eine Vergleichung des von der Wasserkunst wirklich gelieferten und des bezahlten Wassers ergiebt. Kleinere Wohnungen, unter fünf Localitäten, geniessen indessen noch eine, den Umständen gemäss beträchtliche Reduction des Tarifpreises, weil in ihnen der Wasserverbrauch geringer ist, als in grösseren, von den wohlhabenderen Classen benutzten Wohnungen.

Für die Ortschaften längs der Hauptspeiseleitungen ist der Wasserbeitrag im Durchschnitt 25 Procent höher, theils in Folge der durch den Zoll und die grössere Weitläufigkeit in der Bauart herbeigeführten ziemlich beträchtlichen Mehrkosten der Zweigleitungen u. s. w., theils auch in Folge der umständlicheren und kostspieligeren Beaufsichtigung, Betriebführung u. s. w.

Es ist nicht zu läugnen, dass die Art der Taxation, nach der Zahl der Lokalitäten, in einzelnen Fällen mit Schwierigkeiten und Unzulänglichkeiten verknüpft ist, trotzdem verdient sie doch vor den anderen Methoden, nach der Kopfzahl der Bewohner oder dem Miethewerth der Wohnungen, entschieden den Vorzug, wie zum Theil schon ihre fast allgemeine Verbreitung beweist. Wird die Kopfzahl zu Grunde gelegt, so müssen die ärmeren Classen, welche auf kleinem Raume sehr gedrängt wohnen, verhältnissmässig den grössten Beitrag leisten, trotz aller etwa eingeführten Classificationen; richtet sich der Beitrag nach dem Miethewerthe, so kommen dabei Umstände in Betracht, welche für den Wasserverbrauch ganz ohne Einfluss sind, z. B. schöne Lage, elegante Decoration u. s. w., während umgekehrt abgelegene, und deshalb billigere kleinere Wohnungen bei grösserem Verbrauche geringer besteuert sind. Dagegen ist im Allgemeinen die Zahl der Wohnlocalitäten, mit einzelnen Ausnahmen, der richtige Massstab, einestheils in Beziehung auf die Zahl der Familienglieder, anderntheils für den grösseren oder geringeren Wohlstand der Bewohner, so dass der Reichste am höchsten Satz, der Mittelstand bedeutend weniger, der kleine Mann aber einen so geringen Beitrag bezahlt, dass jeder seinen Kräften und seinem Verbrauche entsprechend, zu den Kosten der Wasserversorgung herangezogen wird.[*] Im Vergleich zu dem früher üblichen Preise für das schmutzige Elbwasser, ¼ β für 2 Eimer, ist der jetzige von 1 β für 30 Eimer gereinigtes, zu jedem Zwecke brauchbares, bis in die höchsten Etagen gelieferten Wasser ein sehr geringer, so dass wohl mit Recht erwartet werden kann, dass die Zahl der im ersten Betriebsjahre erworbenen 800 Abnehmer sich in kurzer Zeit wesentlich vermehren, und der Segen einer vollständigen Wasserversorgung allen Bewohnern der Stadt zu Theil werden möge, wenn die jeder Neuerung entgegentretenden Zweifel und Vorurtheile durch den längeren und zweckentsprechenden Betrieb der Wasserkunst, einer in jeder Beziehung vollendeten Anlage, besiegt und beseitigt sind.

Neben der Versorgung der Hausstände und des bürgerlichen Lebens hat die Wasserkunst auch noch einzelnen besonderen Ansprüchen zu genügen, welche eine besondere Erwähnung

---

[*] Für eine kleine Wohnung von 3 Localitäten wird der Beitrag unter Umständen bis auf 8 ℳ 12 β = 1½ ℳ Crt. ermässigt, so dass er etwa ¹/₁₀ bis ¹/₁₂ des jährlichen Miethebetrages ausmacht.

verdienen. Eine besondere Leitung führt das gereinigte Wasser bis zu einer Mündung neben der Dampfschifflandungsbrücke im Hafen, um von hier aus die zahlreichen von Altona ausgehenden Seeschiffe mit Wasser zu versorgen, welches sich, wie die Erfahrung der Hamburger Stadtwasserkunst beweist, auf langen Seereisen vortrefflich hält, und viel besser als das früher wohl mitgeführte Quellwasser. Eigene Wasserfahrzeuge vermitteln die Lieferung von der Hafenmauer in die Schiffe, da diese nicht bis zu der directen Wasserquelle gelangen können.

Noch verbreiteter ist die Anwendung des Wassers zur Anfeuchtung der Backsteine und Bereitung des Mörtels bei Neubauten, für welchen Zweck die Wasserkunst alles nöthige Wasser, unter der Voraussetzung des späteren Anschlusses als regelmässiger Consument, dem Eigenthümer für 6 β Crt. pr. 1000 der zum Bau verwendeten Steine liefert, ohne Rücksicht auf die Grösse des Verbrauches. Jeder Bauverständige wird den grossen Nutzen für die Güte und Solidität des Mauerwerkes würdigen können, welchen das Mauern mit tüchtig genässten Backsteinen durch das langsamere Abbinden und vollständigere Einbetten des Mörtels herbeiführen muss. Nur der Mangel an hinreichendem Wasser erklärt es, wie so häufig ganz trockene Steine vermauert werden, durch deren hohle Fugen, trotz des übergeworfenen Verputzmörtels, später der Wind bläst, und die Wohnungen „ganz unbegreiflich kalt" macht. Kein Neubau sollte in unserer Zeit mehr ohne stark angefeuchtete Backsteine ausgeführt werden, zumal da dies Anfeuchten selbst fast gar keine Arbeit und Kosten verursacht, indem das Wasser aus einem Schlauche mit grosser Kraft in den Steinstapel getrieben und dieser dadurch sehr rasch genässt wird.

Die bedeutende Höhe und Tragweite, auf welche das Wasser aus einem mit Mundstück versehenen Schlauche, ohne Hülfe von Sprützen, geschleudert werden kann, empfiehlt die Anlage von Hähnen, welche zu diesem Zwecke mit besonderen Schlauchverschraubungen versehen sind, ebensowohl für grössere Wohnhäuser, als auch ganz besonders für Fabriken, in denen in mehreren Etagen übereinander eine Menge Menschen zur Arbeit versammelt sind. Keine der vielen Fabriken, welche in Altona im Betriebe sind, kann sich rühmen, mit feuerfesten Decken (Gewölben) und Treppen gegen die Gefahr gesichert zu sein, dass bei einem in den unteren Geschossen entstehenden, bei den vielen angehäuften Brennstoffen sehr rasch um sich greifenden Feuer die oben arbeitenden Menschen durch die brennenden Treppen in Lebensgefahr gerathen, während sie das Mittel zur Hand haben, durch zweckmässig angebrachte Feuerhähne in allen Geschossen ein so ausreichendes Wasserquantum jederzeit zur Verfügung zu haben, dass sie dadurch den Heerd des Feuers wesentlich beschränken, und die Gefahr in kurzer Zeit beseitigen können, ohne auf das Eintreffen der städtischen Sprützen warten zu müssen.

Trotz der augenscheinlichen Vortheile, welche sich mit sehr geringen Anlagekosten und einem jährlichen Beitrage von 3 Thlr. für den ersten und 1 Thlr. für jeden folgenden Hahn, erreichen lassen, hat die Anwendung derselben bisher in sehr geringem Maasse stattgefunden; der Besitzer der grossen Dampfmühle in der Elbstrasse, Herr Meloach, welcher schon einmal das Unglück hatte, abzubrennen, hat sich in allen Etagen seines grossen Fabrikgebäudes Feuerhähne einrichten und ausschliesslich zu diesem Zwecke eine ziemlich kostspielige Zuleitung machen lassen. Ausserdem ist die bedeutende Wollen-Färberei und Spinnerei des Herrn Schweidler mit Feuerposten und Hähnen sehr vollständig ausgestattet, einer weiteren Verbreitung dieser so empfehlenswerthen Anlagen aber bisher Vorurtheile oder Geringschätzung des Nutzens entgegengewirkt. Hoffentlich ist die Zeit nicht fern, wo alle öffentliche Gebäude, welche zum Theil unersetzliche Aktenstücke enthalten, das Theater, Krankenhaus, Gefängnisse, Casernen, die grossen Wollengarnfabriken, Brennereien u. s. w. mit Einrichtungen zu directer Feuerlöschung versehen sind, ehe ein grösserer Schaden den Mangel derselben fühlbar macht. —

Eine sehr wohlthätige Verwendung des Wassers, sowohl für die Gesundheit als die Annehmlichkeit der Anwohner, das Besprengen der Strassen und Plätze, hat bisher auch nur in beschränktem Maasse Verbreitung gefunden, viel weniger als sie verdient. In unseren sehr windreichen Gegenden ist die regelmässige Folge von wenigen trockenen Sommertagen ein höchst lästiger Staubwirbel in allen in der gewöhnlichen Windrichtung liegenden Strassen, welcher, durch alle Fugen dringend, selbst bei geschlossenen Fenstern in die Wohnräume und Geschäftslokalitäten eindringt,

Versorgung der Schiffe

Wasser für Neubauten

Feuerhähne.

Strassen besprengung.

und gute Stoffe, namentlich im Ausbaue der Läden, sehr leicht beschädigt. Ihn unmöglich zu machen, zugleich die Luft zu erfrischen und abzukühlen, genügt eine einmalige tägliche Besprengung, mit Ausnahme sehr heisser Sommertage, vollständig, welche mit Hülfe eines an eine Wasserleitung geschraubten Schlauches direct von der Wasserkunst geschehen kann, welche dafür einen jährlichen Beitrag von 1¼ Schilling für jeden Fuss Strassenfronte, bei zwei Reihen Häuser und bis 50 Fuss Strassenbreite, berechnet. Die zahlreichen Ladeninhaber der Reichenstrasse haben sich bereits in diesem Jahre vereinigt und gemeinschaftlich die Kosten der Anlage und des Betriebes, nach Maassgabe ihrer Hausfronten, aufgebracht, und dadurch sowohl sich selbst, als auch dem Publikum im Allgemeinen einen solchen Nutzen gewährt, dass auch andere Strassen ihrem Beispiele folgen werden.

Noch vielmehr wird sich aber der Nutzen der Besprengung auf der Altona-Blankeneser Chaussee geltend machen. Die freie, jedem Windstoss zugängige Lage dieser Granitsteinschlag-Chaussee, am Rande der hohen Geest, längs des Abfalles zur Elbe, verursachte dort früher ganz entsetzliche Staubwolken, welche in recht heissen Sommern die Benutzung des schönsten Spaziergangs von Hamburg und Altona fast unmöglich machten, während die längs der Hauptspeiseleitung abgezweigten Nebenleitungen und Nothposten nunmehr ein tägliches Besprengen zur Löschung des Staubes gestatten, so dass das Auge hoffentlich sich endlich einmal an grünen, statt an grauen Blättern wird erfreuen können.

Das Besprengen soll nicht direct aus der Leitung geschehen, sondern, zur Schonung der Chausseebahn, mit Hülfe einer Anzahl von Wasserwagen, welche von den Nothposten aus in wenigen Minuten gefüllt werden, und dann ihren Inhalt durch eine Brause auf die Chaussee laufen lassen.

Eine besondere Erwähnung verdient die Verwendbarkeit des Wassers für viele industrielle Zwecke, zu welchen es seiner grossen chemischen Reinheit wegen ausserordentlich empfehlenswerth ist. Den Vorwurf, dass es in Folge seines Weges durch eiserne Röhren eisenhaltig würde, haben am besten die grossen Treibereien in den Jenisch'schen und Godeffroy'schen Gärten entkräftet, in welchen die zartesten, kostbarsten Blumen, Palmen und Orchideen, bereits länger als ein Jahr mit dem Wasser der Kunst begossen sind, ohne abzusterben, während sie bei Eisengehalt in kurzer Zeit zerstört sein würden. Es giebt deshalb für Färbereien, Bierbrauereien und ähnliche Fabrikanlagen, bei denen ein gutes weiches Wasser Grundbedingung des Geschäftsbetriebes ist, kein besseres als das der Kunst, welches sie ihnen an jedem Punkte der Stadt mit starkem Drucke liefert; dieser ist so stark, dass mehrere Fabriken ihre Kesselspeisepumpe abgenommen und die Speisung direct aus der Wasserleitung eingerichtet haben, um die dadurch ersparte Maschinenkraft für ihren sonstigen Betrieb zu benutzen.

Sehr bedeutend ist die für die kurze Zeit des Betriebes sehr verbreitete Anwendung des Wasserdruckes als Triebkraft, namentlich zum Heben grösserer Lasten, an Stelle der Handwinden. Der grosse Druck der Wasserkunst, in der Elbstrasse etwa 90 bis 100 ℔ pr. Quadratzoll, erleichtert die Einrichtung solcher hydraulischer Hebeapparate oder Krähne ganz ausserordentlich. Nach der zuerst von dem bekannten Erfinder der nach ihm genannten Kanone, Sir Wm. Armstrong in Newcastle, angewendeten Construction hat die Stadt Altona am Elbufer, an den neu hergestellten Vorsetzenmauern bei der Elbbrücke, einen für Lasten bis zu 3000 ℔ berechneten eisernen drehbaren Krahn erbauen lassen, dessen Zugkette durch die Bewegung der Kolben von drei Druckcylindern aufgewunden wird, denen der Druck der Wasserkunst die Triebkraft verleiht.

Einen sehr viel einfacheren Hebe-Apparat hat der Verfasser in dem Speicher des Herrn Ad. Möller, Gr. Elbstrasse 17, für Lasten bis zu 380 ℔ eingerichtet, welcher zum Löschen von Baumaterialien, hauptsächlich Cementtonnen (à ca. 350 ℔ schwer), benutzt und ebenfalls von der Wasserkunst getrieben wird. Nach dem Vorgange dieses Apparates hat der Verfasser zur Zeit noch zwei ähnliche, für resp. 600 und 1000 ℔ Lasten, im Speicher des Herrn E. Siehn, Elb-

Benutzung für industrielle Zwecke.

Triebkraft für hydraulische Krähne.

brücke 6, einzurichten, welche bereits im Baue sind; ausserdem soll, dem Vernehmen nach, noch ein fünfter hydraulischer Krahn ebenfalls in einem Speicher der Elbstrasse errichtet werden.

Die hydraulischen Hebe-Apparate zeichnen sich durch ihre grosse Einfachheit und daraus entspringende geringe Anlagekosten vor allen ähnlichen Anlagen vortheilhaft aus, und haben, namentlich in Verbindung mit dem starken, constanten Drucke der Altonaer Wasserkunst, den grossen Nutzen, dass die zum Betriebe erforderliche Kraft, mit sehr seltenen Ausnahmen, jederzeit zu Gebote steht, ohne dass bei der Nichtbenutzung auch nur die mindesten Betriebs- oder Unterhaltungskosten zu tragen sind; erst von dem Augenblicke an kosten sie Geld, wo sie gebraucht werden. Dabei sind sie auch an solchen Stellen zu verwenden, wo die Anbringung einer Dampfmaschine wegen Feuersgefahr oder polizeilichen Verbotes ganz unmöglich ist, so dass der grösseren Verbreitung solcher hydraulischer Apparate zum Heben von Lasten, sowie zum Betriebe kleiner rotirender Maschinen, Drehbänke u. dergl., Schnellpressen u. s. m. in Altona gewiss ein günstiges Prognosticon gestellt werden kann.

Was die Kosten des Betriebes einer solchen Maschine betrifft, so stellen sich dieselben, der Wasserpreis immer zu 1 Schilling pr. 15 Cubikfuss feststehend, wesentlich niedriger, als die eines Handbetriebes, ganz abgesehen davon, dass sie dieselbe Arbeit in viel kürzerer Zeit verrichten. Eine genaue Beobachtung der Resultate, welche der bei Herrn A. Müller aufgestellte, in der Fabrik von Markurth & Graefe in Hamburg gefertigte Krahn, im Vergleich zur Handarbeit, nach einem neunmonatlichen Betriebe geliefert hat, hat gezeigt, dass fünf Arbeiter in 6 Arbeitsstunden 150 Cementtonnen à 380 ℔ Brutto, mit der gewöhnlichen Radwinde, fleissige Arbeit vorausgesetzt, 15 Fuss hoch heben können, so dass bei einem Tagelohn von 36 ß pr. 12 Arbeitsstunden die Kosten von 1 Centner Brutto, 1 Fuss hoch gehoben, sich stellen auf: ¹/₁₀ Schilling. Mit dem hydraulischen Apparate können zwei Arbeiter in einer Stunde 140 Tonnen auf 15 Fuss Höhe heben, wobei ein Wasserverbrauch von 150 Cubikfuss stattfindet, so dass 140 Tonnen zu heben kosten:

Arbeitslohn für zwei Mann, à 1 Stunde, à 4 ß . . . . Crt.♃ — 8 ß
Wasserverbrauch 150 Cubikfuss, à 15 Cubikfuss 1 ß . . . . „ — 10 „
Verzinsung und Reparatur des Apparates, sehr reichlich gerechnet,
pr. 10 Tonnen 1 Schilling . . . . „ — 14 „
_____
Crt.♃ 2 — ß

oder die Kosten von 1 Centner Brutto, 1 Fuss hoch gehoben, sich stellen auf: ¹/₁₀₀ oder fast ¹/₁₀₀ Schilling, so dass demnach

mit Handarbeit . . . . 95 Centner,
mit dem hydraulischen Apparate 250 „

für einen Schilling einen Fuss hoch gehoben werden können, und demnach die Handarbeit fast dreimal theuerer ist, als die Maschinenarbeit, ganz abgesehen davon, dass bei letzterer die gewöhnlichen Speicherarbeiter, ohne Beihülfe aussergewöhnlicher, oft schwer zu erlangender Arbeitskräfte, in einer Stunde fast ebensoviel heben können, als fünf Leute mit Handarbeit in sechs Stunden, eine vergrösserte Geschwindigkeit beim Löschen von Fahrzeugen, welche für die bei jeder Ebbe trocken laufenden Speicher Altona's von ganz erheblicher Bedeutung ist.

Diese Möglichkeit eines schnelleren Löschens hat namentlich Herrn Stehn bewogen, in seinem Speicher hydraulische Hebekrähne anzulegen, und wird, verbunden mit den wesentlich verringerten Kosten, noch Manchen zu ähnlichen Einrichtungen veranlassen.

Was nun schliesslich die Kosten der Anlage betrifft, so lassen sich über dieselben, der eigenthümlichen Art der Ausführung wegen, nicht wohl specielle Mittheilungen machen. Mit Einschluss der von der Gesellschaft gezahlten Entschädigungen, Abfindungen für die Abtretung der Concession u. s. w., allgemeine Kosten, Gratificationen u. s. w. stehen die Wasseranlagen der Gesellschaft in runder Summe mit Bco.♃ 1,107,000 oder 553,500 ₰ Pr. Cour. zu Buche, welche Summe die wirklichen Baukosten aber nicht unerheblich überschreiten dürfte.

Mit ziemlicher Genauigkeit lassen sich die Kosten der Lieferung und Aufstellung der beiden Maschinen in Blankenese, mit ihren Kesseln und sonstigem Zubehör, im Ganzen zu etwa Bco. ℳ 92,000 oder 46.000 ℳ Pr. Cour., die Gesammtkosten des Hoch-Reservoirs in Altona; Unterbau und Eisenconstructionen, zu Bco. ℳ 42,000 oder 21,000 ℳ Pr. Cour. angeben.

Es ist leicht ersichtlich, dass ein so gewaltiges Anlage-Capital in den ersten Jahren des Betriebes keine lohnende Verzinsung erwarten lässt. Mit um so grösserem Danke muss die Aufopferung und Ausdauer, anerkannt werden, welche erforderlich gewesen sind, ein Werk zu vollenden, welches den Gründern und der Stadt Ehre und Nutzen schafft, und dessen sich in gleicher Vollkommenheit keine andere deutsche Stadt rühmen kann.

Anlage No. I.

Auszug

aus dem Contracte zwischen der Stadt Altona und den Unternehmern.

(Der erste Theil dieses Contractes behandelt in den §§ 1 bis 39 die Anlage der Gasanstalt, und ist hier fortgelassen.)

II. In Betreff der Versorgung der Stadt mit gereinigtem Elbwasser.

§ 40. Die Herren G. L. Stuhlmann und J. S. Lowe*) übernehmen es, in Verbindung mit der Gasanstalt auf der Stuhlmann'schen Kalkbrennerei eine Wasserleitung für die Stadt Altona herzustellen, durch welche sie gereinigtes Elbwasser, das frei von allen vegetabilischen und animalischen Beimischungen ist, während eines Zeitraumes von 40 Jahren, vom Tage des Abschlusses dieses Contractes an gerechnet, unter den nachstehenden Bedingungen zu liefern sich verpflichten, wogegen innerhalb der angegebenen Zeit an andere Unternehmer das Recht, eine Wasserleitung für den öffentlichen oder Privatgebrauch auf städtischem Grund und Boden anzulegen, Seitens der Stadt Altona nicht ertheilt werden soll.

§ 41. Die Unternehmer haben, bevor sie ihr Unternehmen in Ausführung bringen, der Behörde einen vollständigen Bauplan desselben zur Genehmigung vorzulegen. Sie sind auch verpflichtet, für Neubauten zum Zweck des Unternehmens, welche während der Dauer des Contractes hergestellt werden sollen, jedesmal die Genehmigung der Behörde einzuholen.

Die Behörde behält es sich vor, kundige Männer zur Beaufsichtigung und Controle für die Erfüllung der den Unternehmern contractmässig obliegenden Verpflichtungen und zur Erlangung der Ueberzeugung, dass die Anlagen in der vorgeschriebenen Güte und Vollkommenheit ausgeführt werden, zu bestimmen. Diesen Personen ist der Zutritt zu allen Anlagen während und nach der Ausführung jederzeit zu gestatten.

§ 42. Das Terrain für die Anlage der Wasserleitungsanstalt ist von den Unternehmern auf ihre Kosten gegen hohe Fluthen in der Art zu sichern, dass durch dieselben keine Unterbrechung des Betriebes zu befürchten ist. Die Unternehmer haben deshalb die Anstalt mit steinernen Vorsetzen von grösserer Höhe, als erfahrungsmässig die höchsten Fluthen bisher gestiegen sind, zu umgeben.

§ 43. Die gesammte Anlage ist so einzurichten, dass sie nicht bloss dem jetzigen muthmasslichen, sondern auch einem künftigen grösseren Bedürfnisse vollkommen genügen kann. Sämmtliche Gebäude und Bassins, sowie auch die Maschinen, Röhren, Schosse, Nothpfosten &c. sind auf das Vollkommenste anzufertigen und einzurichten.

§ 44. Die Unternehmer sind verbunden, auf ihrem Grundstück an der Elbe einen Wasserbehälter anzulegen, welcher wenigstens 90,000 Cubikfuss Wasser zu fassen im Stande ist. Derselbe muss durch zwei Röhren oder Canäle mit der Elbe in Verbindung gesetzt werden, welche so tief in das Strombett einzulegen sind, dass die Schifffahrt durch dieselben keinerlei Nachtheile erleidet, wogegen den Unternehmern zugestanden wird, die freiliegenden Einflussmündungen der Röhren durch eingeschlagene Duc d'Alben zu sichern.

*) An ihre Stelle ist jetzt die Gas- und Wasser-Gesellschaft getreten.

§ 45. Die Füllung des grossen Bassins darf, insofern die Fluthverhältnisse dies überhaupt gestatten, nur in den letzten Stunden der Fluth vorgenommen werden, um ein möglichst reines und frisches Wasser zu erlangen, und sind deshalb die beiden Zuflussröhren von der Elbe in solchen Dimensionen anzunehmen, dass eine derselben hinreichend ist, um das Bassin in der letzten Stunde der Fluth zu füllen.

§ 46. Die Unternehmer haben auf ihrem Grundstücke neben dem gedachten grossen Bassin ein zweites kleineres anzulegen, in welches das Wasser erst dann eintritt, nachdem es durch Thonplatten von derselben Beschaffenheit und nach dem Systeme, wie solches von den Unternehmern den städtischen Behörden bei einer stattgehabten Probe vorgezeigt worden, *) bis zur möglichsten Klarheit filtrirt worden ist. Erst nachdem dies in hinreichender Weise geschehen, darf das Wasser durch das Pumpwerk in die Leitungsröhren gefördert werden.

Sollte sich das von den Unternehmern vorgeschlagene Filtrirsystem im Grossen nicht bewähren, so sind die Unternehmer verpflichtet, ein anderes System in Anwendung zu bringen, durch welches die contractmässig zugesicherte Reinheit des Wassers vollständig erreicht wird. Die Behörde ist befugt, nicht nur die Herstellung der zu dem gebilligten Reinigungsverfahren erforderlichen Einrichtungen vor Beginn des Betriebes, sondern auch die gewissenhafte und genügende Ausführung dieses Verfahrens, nachdem die Wasserversorgung in Wirksamkeit getreten, für die Dauer des Contractes zu jeder ihr beliebigen Zeit durch Sachverständige controliren zu lassen.

Sollte übrigens während der Dauer des Contractes eine vollkommenere Filtrirmethode als die hier stipulirte erfunden werden, und sich bei der Ausführung im Grossen als zweckmässiger bewähren, so sind die Unternehmer verpflichtet, sich dieser Methode für die hiesige Wasserleitung anzueignen.

§ 47. Das Pumpwerk soll durch zwei Dampfmaschinen getrieben werden können, wovon die eine für gewöhnlich in Thätigkeit ist, die zweite hingegen in Reserve gestellt ist.

Jede dieser Maschinen muss von hinreichender Stärke sein, um allen contractlichen Anforderungen vollständig genügen zu können.

§ 48. Ausser der Reserve-Dampfmaschine müssen die Unternehmer auch eine hinlängliche Anzahl von Röhren von allen vorkommenden Dimensionen, sowie Uebergangsröhren, Bogenröhren und Schosse in Reserve halten, um vorkommenden Mängeln schnell abhelfen zu können.

§ 49. Durch das Pumpwerk muss das filtrirte Wasser für die höher gelegenen Stadttheile bis zu einer Höhe von mindestens 170 Fuss über ordinaire Fluthhöhe der Elbe in einen Wasserthurm durch ein entsprechend weites Druckrohr zur Vermeidung der entstehenden Oscillationen gebracht werden können.

Um eine Unterbrechung des Betriebes für den Fall einer Beschädigung an diesen Röhren zu vermeiden, muss eine directe Verbindung der Hauptleitungsröhren mit der Maschine hergestellt werden, welche jedoch für gewöhnlich geschlossen gehalten wird.

§ 50. Von der Anstalt aus müssen zwei Hauptleitungsröhren, und zwar eine für den höheren und eine für den niederen Druck, nach der Stadt führen.

Diese Hauptleitungsröhren müssen im Anfange jede einen lichten Durchmesser von mindestens 12 Zoll englisch haben, welcher sich nach Verhältniss der Entfernung von der Anstalt und den abgeleiteten Zweigröhren verringert.

Für die Zweigleitungen ist ein lichter Durchmesser der Röhren von 4 Zoll englisch das kleinste Maass, welches zur Anwendung kommen darf. Bei Bestimmung der Röhrenweite der einzelnen Leitungen ist besondere Rücksicht auf einen künftig vergrösserten Betrieb zu nehmen. Es müssen aus diesem Grunde namentlich die Leitungen in der Nähe solcher Districte, deren Versorgung mit Wasser in diesem Augenblicke noch nicht verlangt wird, welche aber voraussichtlich künftig mit in das Rohrnetz gezogen werden, schon jetzt von solchen Dimensionen angenommen werden, welche erforderlich sein würden, wenn solche Districte schon jetzt mit einer Wasserleitung versehen werden sollten.

_____

*) Dieses System ist bei der ausgeführten Anlage vollständig aufgegeben.

— 42 —

§ 51. Die Unternehmer sind verpflichtet, Wasserleitungsröhren in allen denjenigen Strassen anzulegen, in welchen sie nach dem Contracte für die Gaslieferung gebunden sind, die Gasleitung herzustellen. *) Das Röhrensystem für die Wasserleitung wird nach dem in der Anlage ... festgestellten Plane angelegt. Für den Fall, dass sich während der Dauer dieses Contractes Abweichungen von diesem Plane als zweckmässig herausstellen, behält die Behörde sich das Recht zur Anordnung solcher Abweichungen vor. Von den Unternehmern gewünschte Abweichungen dürfen jedoch nur auf besonderen Antrag derselben und nach erfolgter Genehmigung der städtischen Behörden vorgenommen werden. Von der Behörde gewünschte Abänderungen haben die Unternehmer unweigerlich vorzunehmen, jedoch sollen ihnen die Mehrkosten, welche etwa daraus erwachsen sollten, vergütet werden.

§ 52. In neu anzulegenden Strassen sind die Unternehmer verbunden, die Wasserleitung für dieselben sofort herzustellen, wenn durch ihren Contract über die Gaslieferung die Verpflichtung für sie eintritt, dass sie solche Strassen mit Gasbeleuchtung versehen müssen. An den Abzweigungen solcher Strassen, welche vorläufig noch nicht mit Wasser- und Gasleitung versehen werden sollen, deren spätere Versorgung damit jedoch in Aussicht steht, müssen jetzt schon Ansetzröhren an den betreffenden Röhren angebracht werden, welche vorläufig geschlossen bleiben.

§ 53. Wenn die Unternehmer die Wasserleitung auch auf die benachbarten Ortschaften Ottensen, Oevelgönne und Neumühlen auszudehnen beabsichtigen, was jedoch erst dann geschehen darf, nachdem dieselbe in der Stadt Altona in's Leben getreten ist, so müssen für diese besondere Hauptleitungen von der Anstalt aus gelegt werden. Ueberdies sind die Unternehmer verpflichtet, nachdem die Röhrenanlage für die benachbarten Ortschaften beendigt ist, die tägliche Wasserversorgung dieser Ortschaften erst dann eintreten zu lassen, wenn das Röhrensystem der Stadt Altona für den täglichen Bedarf bereits vollständig gefüllt ist.

Mit anderen Communen oder mit Privaten und Anstalten in denselben dürfen die Unternehmer weder Contracte über die Zeitdauer dieses Contractes hinaus, noch zu niedrigeren Preisen wie mit der Stadt Altona und ihren Bewohnern abschliessen.

§ 54. Alle Röhrenleitungen müssen in einer Tiefe von mindestens 5 bis 8 Fuss unter der Strassenoberfläche, und zwar so angelegt werden, dass sie sowohl von den Kellerwohnungen, als auch den Gasröhren möglichst entfernt liegen. Beim Legen der Röhren sind alle scharfen Biegungen und Steigungen auf das Sorgfältigste zu vermeiden. Wo eine Biegung der Leitung stattfinden muss, wie z. B. an Strassenecken, müssen eigens dazu gegossene Bogenstücke mit möglichst grossem Radius angewendet werden. Unter 15 Fuss Radius dürfen dergleichen Bogenröhren nicht halten, wenn die Localität es irgend erlaubt.

§ 55. Die beiden Röhrensysteme für den hohen und niederen Druck müssen an mehreren Stellen durch besondere Röhren von entsprechender Weite, welche jedoch für gewöhnlich verschlossen sind, mit einander verbunden werden, um durch dieselben bei etwa eintretender Beschädigung oder bei Arbeiten an den Hauptröhren des einen Systemes dasselbe durch die Hauptleitung des andern mit Wasser füllen zu können.

Um einzelne Strecken der Leitung entleeren oder die Röhren erforderlichen Falls ausspülen zu können, müssen an geeigneten Stellen nach der Elbe oder dem Grenzgraben Abzugscanäle angebracht werden.

§ 56. Sämmtliche Röhren müssen in der Fabrik, wo sie verfertigt sind, mit einem Druck von 15 Atmosphären oder circa 180 ℔ auf 1 Quadratzoll probirt worden sein, und dürfen nur solche Röhren für die Wasserleitung verwendet werden, welche diesem Drucke widerstanden haben.

Auf Verlangen der Behörde sind die Uebernehmer verpflichtet, eine zweite Probe der Dichtigkeit bei einzelnen Röhren nach ihrer Ankunft hierselbst, und zwar unter Anwendung desselben Druckes und in Gegenwart von Sachverständigen, welche von der Behörde hierzu committirt worden, vornehmen zu lassen.

*) § 2 vorbehält der Behörde das Recht zu, die Ausdehnung der Gasbeleuchtung für jeden District zu verlangen, sobald die zur Zeit der Forderung verlangte öffentliche und Privatgasbeleuchtung in solchem Districte 6%, derjenigen Anlage-kosten deckt, welche durch den Werth der zu legenden Röhren, öffentlichen Lampen, Aufgrabung und Wiederherstellung des Bodens verursacht worden, ohne Anrechnung des Werthes des Gases oder der vermehrten Administrationskosten.

Alle Röhren müssen auswendig und inwendig mit einem sichernden Firniss überzogen sein.

§ 57. Alle baulichen Anlagen unter der Erde, welche früher entweder von der Stadt selbst gemacht worden sind, oder deren Herstellung Privatpersonen oder Anstalten gegen eine jährlich an die Stadtkasse zu zahlende Recognition gestattet worden ist, z. B. Gleitleitungen, Casematten und dergl., sind bei dem Legen der Röhren möglichst unberührt zu lassen, oder wenn eine Berührung derselben nicht vermieden werden kann, durch die Unternehmer auf ihre Kosten in untadelhaftem Zustand wieder herzustellen, wobei die Unternehmer zugleich alle etwaigen Entschädigungsansprüche der Stadt von der Hand zu halten haben. Namentlich ist strenge darauf zu achten, dass der Drath des Staatstelegraphen in keiner Weise beschädigt werde.

§ 58. An geeigneten Stellen der Hauptleitungen sind Schosse anzubringen, um einzelne Districte der Wasserleitung zeitweilig absperren zu können; ebenso muss jede Zweigleitung und jeder Nothpfosten mit einem Schosse abgesperrt werden können.

Ausser diesen Schossen, welche bei dem gewöhnlichen Betriebe der Wasserleitung benutzt werden, sind die Unternehmer verpflichtet, in denjenigen Strassen, in welchen die zum Betrieb erforderlichen Schosse in zu grossen Entfernungen von einander liegen, nach Ermessen der Behörde, und an den desfalls näher zu bestimmenden Punkten noch Nothschosse anzubringen, welche nur dann benutzt werden, wenn Arbeiten an den Hauptleitungen, seien es Reparaturen, Anbringung neuer Privat-Ableitungen und dergl., ein zeitweiliges Absperren des Hauptleitungen nöthig machen. In diesem Falle müssen die beiden Röhrensysteme, für den hohen und den niederen Druck, mit einander in Verbindung gesetzt werden. Dergleichen Arbeiten dürfen übrigens nie an beiden Röhrensystemen zu gleicher Zeit vorgenommen werden.

§ 59. Die Lage derjenigen Schosse, welche die Zweigleitungen, sowie einzelne Districte der Hauptleitungen absperren, und namentlich dazu dienen sollen, um bei Feuersbrünsten das Wasser an einen bestimmten Ort concentriren zu können, muss von den Unternehmern an den benachbarten Häusern, oder sonstigen festen Punkten, deutlich bezeichnet werden, wozu die Erlaubniss der Privateigenthümer durch die Behörde vermittelt werden soll. Die Schosse selbst müssen aus gusseisernen, sauber geschliffenen, mit Messing montirten Schiebern bestehen, welche mittelst einer metallenen Schraubenspindel, von der Strasse aus, durch einen Schlüssel leicht gedreht werden können.

§ 60. Zum Bedarf der das Löschwesen der Stadt Altona leitenden Behörde, sind an den, auf dem Plane ... mit Punkten bezeichneten Stellen, 200 Nothpfosten zu errichten, welche am Abzweigrohr 4 Zoll englisch und an der Mündung 3 Zoll englisch inneren Durchmesser haben.

Die Unternehmer sind verpflichtet, die Construction dieser Nothpfosten nach der Aufgabe des städtischen Löschwesens herstellig zu machen.

Die oberen Verschraubungen, soweit sie bei der Feuerlöschung zur Anwendung kommen, werden von der das Löschwesen leitenden Behörde auf ihre Kosten herstellig gemacht.

§ 61. Alle Nothpfosten, mögen sie von Haupt- oder Zweigleitungen ausgehen, sind gleichmässig zu construiren, und muss jeder einzelne Nothpfosten durch ein besonderes Schoss oder Ventil abgesperrt werden können.

§ 62. Um das Zufrieren der Nothpfosten im Winter zu verhindern, muss sofort nach dem jedesmaligen Gebrauche eines solchen, und nachdem das Schoss wieder geschlossen ist, das noch im Pfosten stehen gebliebene Wasser durch kleine transportabele Pumpen ausgepumpt werden. Dasselbe muss geschehen, wenn die Nothpfosten durch etwaige Ueberschwemmungen voll Wasser gelaufen sind.

§ 63. Ebenso, wie die Lage der Schosse, muss auch die Lage der Nothpfosten durch Schilder an den benachbarten Häusern, oder sonstigen benachbarten festen Punkten, genau und deutlich bezeichnet werden.

§ 64. Die Mannschaften des hiesigen Löschwesens sind von den Unternehmern in der Handhabung der Nothpfosten genau zu unterrichten. Ausserdem sind die Unternehmer verpflichtet, ihre eigenen Angestellten bei strenger Strafe dahin zu instruiren, dass sie bei einem ausbrechenden Feuer sofort alle diejenigen Nebenleitungen absperren, welche der Leitung derjenigen Strasse, in welcher das Feuer ausgebrochen ist, Wasser entziehen können.

§ 65. Wenn durch ein angebrochenes Feuer die Nothpfosten oder einzelne Theile derselben beschädigt worden, so wird der verursachte Schaden den Unternehmern selbstverständlich gleich anderen Brandschäden ersetzt.

§ 66. Jeder Nothpfosten muss per Minute eine Wassermenge von 24 bis 32 Cubikfuss liefern können. Wird dieses vorgeschriebene Quantum bei einer Feuersbrunst nicht geliefert, so verfallen die Unternehmer in eine Brüche, welche von der das Löschwesen leitenden Behörde, den Umständen gemäss, festgesetzt wird.

§ 67. Um bei Feuersbrünsten zu jeder Zeit, auch wenn die Maschine nicht arbeitet, vorläufig eine gewisse Wassermenge zur Disposition des Löschwesens stellen zu können, sind die Unternehmer verpflichtet, die Hauptleitungsröhren stets mit Wasser gefüllt zu erhalten, und ausserdem ein Hochreservoir anzulegen und mit beiden Röhrensystemen in Verbindung zu setzen, welches zu allen Zeiten ein Wasserquantum von mindestens 8000 Cubikfuss enthalten, und mindestens 123 Fuss über dem Niveau der ordinairen Fluth der Elbe angelegt sein muss.

Da dieses Wasserquantum jedoch als das Minimum dessen anzusehen ist, was bei einem ausbrechenden Feuer für die erste halbe Stunde von dem Löschwesen gefordert wird, so sind die Unternehmer verpflichtet, sofort, nachdem ein Feuer signalisirt oder durch die Nachtwächter angezeigt wird, die Maschine in Thätigkeit zu setzen, und das Geschäft dergestalt zu betreiben, dass nach Verlauf einer halben Stunde eine directe Wasserversorgung nach dem bedrohten Punkte stattfinden kann.

§ 68. Sollten sich die Unternehmer hiebei eine Säumniss zu Schulden kommen lassen, so verfallen sie in eine Brüche, welche, je nach den Umständen, von der das Löschwesen leitenden Behörde willkürlich bestimmt, und event. von der Entschädigungssumme, welche Letztere an die Unternehmer zahlt, einbehalten werden kann.

§ 69. Das Hochreservoir muss so construirt sein, dass es nicht leicht grösseren Reparaturen unterworfen ist, aber selbst für den Fall, dass eine grössere oder kleinere Reparatur an demselben erforderlich werden sollte, sind die Unternehmer verpflichtet, solche Maassregeln zu treffen, dass das verlangte Wasserquantum von 8000 Cubikfuss jeder Zeit disponibel ist.

Die Unternehmer sind verbunden, vor Anlage des Hochreservoirs den Plan hiezu der das Bauwesen beaufsichtigenden Behörde zur Genehmigung vorzulegen.

§ 70. Zum Zwecke der Anlage des Hochreservoirs überlässt die Stadt Altona an die Unternehmer, für die Dauer des Contractes, einen Theil des Platzes in der kleinen Mühlenstrasse, neben der jetzigen Versorgungs-Anstalt, soweit solcher für die Anlage ausreichend befunden wird, unentgeltlich.

Nach Ablauf des Contractes sind die Unternehmer verpflichtet, wenn keine weitere Vereinbarung hierüber getroffen wird, den Platz an die Commune in demselben Zustande zurückzuliefern, in welchem ihnen derselbe übergeben worden ist, worüber vor der Ueberlieferung ein genaues Protocoll aufgenommen und in duplo ausgefertigt werden soll.

§ 71. Die Unternehmer erhalten von der das Löschwesen der Stadt Altona leitenden Behörde für alle bis jetzt verlangten Einrichtungen nebst der Wasserlieferung zum Behuf der Feuerlöschung eine jährliche Entschädigung von Crt. ℳ 2000, welche ihnen in ½jährlichen Raten ausbezahlt werden soll. Während der Ausführung der Anlagen wird, so lange noch nicht sämmtliche 200 Nothpfosten hergestellt sind, für jeden bereits vollständig benutzbaren Nothpfosten eine Vergütung von 10 ℳ Crt. pro anno bezahlt, welche von dem Tage an, an welchem der Nothpfosten der Brand-Commission zur Benutzung übergeben ist, pro rata berechnet wird. Für spätere, im Interesse des Löschwesens anzulegende Einrichtungen, als Nothpfosten etc., bleibt die Bestimmung der dafür zu zahlenden jährlichen Entschädigung einer jedesmaligen vorherigen Vereinbarung mit der betreffenden Behörde vorbehalten.

§ 72. Der Preis, welchen Privatleute für das ihnen gelieferte gereinigte Elbwasser an die Unternehmer zu zahlen haben, darf 1 Schilling Courant für 13 Cubikfuss = 1½ Oxhoft, nicht übersteigen. Spätere, von den Unternehmern beabsichtigte Preiserhöhungen, dürfen nur mit Genehmigung der städtischen Behörden vorgenommen werden.

§ 73. Die Privaten haben die Zuleitung nach ihren Grundstücken, sowie die erforderlichen häuslichen Einrichtungen, auf ihre Kosten anzulegen. Dabei sollen sie jedoch nur für die Zuleitung von der öffentlichen Leitung bis zu ihren Grundstücken verbunden sein, sich der Hülfe der Unternehmer zu bedienen, während sie die Einrichtungen im Innern ihres Grundstückes von jedem Anderen herstellen lassen können. In diesem Falle steht aber den Unternehmern das Recht zu, diese Arbeiten zu controliren.

Ueber die Dauer dieses Contractes hinaus darf von den Unternehmern kein Contract mit Privaten oder Anstalten in der Stadt Altona abgeschlossen werden.

§ 74. Die Unternehmer sind verpflichtet, in jedem Viertel der Stadt wenigstens einen Freibrunnen auf ihre Kosten anzulegen, welcher von den Armen unentgeltlich benutzt werden darf. Die Bestimmung der Orte, an welchen diese Freibrunnen anzulegen sind, behält sich die Behörde vor.

§ 75. Um Missbrauch zu verhüten, sollen die Unternehmer nur verbunden sein, an diejenigen Personen das Wasser unentgeltlich zu liefern, welche nachweislich Unterstützung vom Stadtarmenwesen geniessen, oder mit einer Befreiungskarte von den vereinigten Stadtsteuern versehen sind.

Diese unentgeltliche Lieferung soll an jedem Tage, während einer Stunde des Vormittags und einer Stunde des Nachmittags, welche noch näher festgesetzt werden sollen, stattfinden, und sind die Unternehmer verpflichtet, sodann jeder zur unentgeltlichen Empfangnahme befugten Person 2 Eimer Wasser zu liefern.

§ 76. Hinsichtlich der Versorgung der öffentlichen Gebäude und des öffentlichen Brunnens auf dem Fischmarkte mit gereinigtem Elbwasser tritt die Commune oder die betreffende Verwaltungsbehörde in dasselbe Verhältniss zu den Unternehmern, wie die Privaten, d. h. sie zahlt für jede 15 Cubikfuss Wasser, welche gefordert werden, eine Entschädigung von 1 Schilling Cour., und hat die Einrichtung auf ihre Kosten zu beschaffen.

Wenn ausserdem durch die Commune Wasser durch die Nothpfosten zu besonderen Zwecken, z. B. Reinspülen der Strassen u. s. w., gefordert wird, so soll den Unternehmern dafür, für jede Stunde der Benutzung, eine Entschädigung von Crt. 4 pr. Nothpfosten zu Theil werden, wofür die Unternehmer jedoch auch die erforderlichen Geräthschaften und Arbeitskräfte nöthigenfalls zu stellen haben.

§ 77. Die Unternehmer verpflichten sich, die ganze, dem Contracte gemäss öffentliche Wasserversorgung für die ganze Stadt spätestens innerhalb dreier Jahre, vom Tage des Abschlusses dieses Contractes an, vollständig in's Leben treten zu lassen, und zwar in der Weise, dass in jedem Jahre mindestens 30,000 Fuss Röhren gelegt werden.

Diejenigen Stadttheile, in welchen in dem ersten Jahre der Contractsdauer 30,000 Fuss Röhren gelegt sind, müssen vor Ablauf der ersten 1½ Jahre bereits mit Wasser versorgt sein, und diejenigen Stadttheile, in welchen im zweiten Jahre der Contractsdauer 30,000 Fuss Röhren gelegt werden, vor Ablauf der ersten 2½ Jahre der Contractsdauer. Vor Ablauf jener drei Jahre aber müssen sämmtliche Nothpfosten in der bedingungsmässigen Weise benutzt werden können.

§ 78. Alle durch die Wasserleitung erforderlich werdenden Arbeiten, soweit sie den öffentlichen Grund berühren, werden auf Kosten der Unternehmer unter der Aufsicht der Baubehörde ausgeführt, deren Anordnungen in dieser Beziehung strenge Folge geleistet werden muss. Namentlich haben die Unternehmer auf ihre Kosten alle diejenigen Anstalten zu treffen, welche es verhindern, dass durch jene Arbeiten der Verkehr irgendwie erheblich leide, oder Gefahr und Beschädigungen für das Publikum entstehen.

Das Aufbrechen und Wiederverlegen des Strassenpflasters, sowohl bei der ersten Anlage, als auch bei späteren Reparaturen oder Veränderungen, muss auf Kosten der Unternehmer durch die städtischen Steinbrügger geschehen, und ist der Baubehörde jedesmal vorher Anzeige davon zu machen, wenn dergleichen Veränderungen des Strassenpflasters vorgenommen werden sollen.

Die von der Behörde angewiesenen Kostenrechnungen für die unter ihrer Aufsicht und durch ihre Arbeiter geschehene Wiederherstellung des Pflasters zahlen die Unternehmer ohne

Zögerung aus, haften dagegen aber nicht für die in dem wiederhergestellten Pflaster sich etwa ergebenden Mängel.

Die Arbeiten an der Holstenstrasse dürfen nur nach von den Unternehmern erwirkter Genehmigung und nach Vorschrift der die Chaussee von Altona nach Kiel beaufsichtigenden Behörde vollführt werden.

§ 79. Bei Beschädigungen der Anlage oder ihrer einzelnen Theile haben die Unternehmer sofort wieder eine Ausbesserung auf ihre Kosten vorzunehmen, behalten aber, falls diese Beschädigungen nicht durch Naturereignisse oder sonstige Zufälligkeiten entstanden sind, sondern ein bestimmter Urheber, der sie aus Muthwillen oder Unachtsamkeit verübt hat, ermittelt ist, einen Anspruch gegen den Urheber auf vollen Schadensersatz. Rücksichtlich des Ersatzes von Schäden, welche durch Krieg, Aufruhr oder Tumult veranlasst worden sind, wird es nach den geltenden Rechtsnormen in solchen Fällen gehalten.

Ueberhaupt geniessen jedoch die Anlagen des besonderen Schutzes der Behörden, und verpflichtet sich die Stadt, durch beikommende Behörden eine Bekanntmachung zu erlassen, welche die Beraubung von Wasser oder Beschädigung der Anlagen unter Androhung einer sofort zu exequirenden Geld- event. Gefängnissstrafe verbietet.

§ 80. Die Unternehmer sind sowohl rücksichtlich ihrer selbst, wie ihrer Anlage, den competenten Behörden unterworfen und haben sich daher den Verfügungen derselben in Bezug auf Feuersgefahr, öffentliche Sicherheit u. s. w., sowie in baupolizeilicher Hinsicht ohne Aufenthalt zu fügen.

Von den Behörden geforderte Aufklärungen, insofern sich diese nicht auf technische Geheimnisse oder merkantilische, finanzielle Verhältnisse beziehen, haben die Unternehmer jederzeit unweigerlich zu ertheilen.

§ 81. Die Unternehmer haben ihr Domicil in der Stadt zu nehmen und das hiesige Bürgerrecht zu gewinnen, auch in Abwesenheitsfällen einen sie in jeder Beziehung vertretenden und der Behörde geeignet erscheinenden Bevollmächtigten zu stellen.

§ 82. Die Gebäude und sämmtliche Grundstücke und Anlagen der Wasserversorgungsanstalt, sowie der Gasbeleuchtungsanstalt, namentlich sämmtliche Maschinen, mit Einschluss der auf der Hauptanstalt befindlichen, und sämmtliche Röhrensysteme, das Hochreservoir, der gesammte Apparat und das gesammte Inventar der Unternehmung dienen, ... solidarisch zur Sicherheit bei etwaiger Nichterfüllung dieses Contractes oder des Contractes über die Gaserleuchtung, und dürfen dieselben deshalb nicht anderweitig verpfändet oder beschwert werden, noch darf ohne Zustimmung der Behörden über dieselben disponirt werden, welches beides im Stadterbebuche zu annotiren ist. Bis zur völligen Herstellung der Anlagen haben die Unternehmer ein Depositum von 20,000 ℳ Cour. als Sicherheit zu bestellen, welches Depositum ebenfalls, sowohl für die contractmässige Herstellung der Wasserleitung, als auch gleichzeitig für die der Gasbeleuchtung, als Sicherheit dient.

§ 83. Beschwerden, welche aus Unvollkommenheiten in einzelnen Theilen oder im Ganzen der Anlage, sei es bei der öffentlichen oder bei der privaten Wasserversorgung, etwa entspringen möchten, sind die Unternehmer auf das Schleunigste zu beseitigen verpflichtet. Würde es sich zeigen, dass sich ergebende Uebelstände in einer Mangelhaftigkeit und in Fehlern der Hauptanlage selbst, sei es der Dampfmaschinen, des Röhrensystemes, der Filtration, oder sonstwie begründet wären, so sind die Unternehmer verpflichtet, diese Mängel in einer dem Umfange der Arbeit angemessenen, event. von der Behörde durch Sachverständige zu bestimmenden Frist auf ihre Kosten zu bessern. Würden die Unternehmer solchen Uebelständen innerhalb dieser Frist nicht abhelfen, so steht den Behörden das Recht zu, einzuschreiten und die Mängel für Rechnung der Unternehmer bessern zu lassen. Die dadurch erwachsenen Kosten können in den nächsten Zahlungen für die Wasserversorgung gekürzt werden.

§ 84 enthält das Verbot des Einsammelns von Gratialen seitens der Angestellten der Unternehmer.

§ 85 enthält die Bestimmung, dass etwaige Differenzen, namentlich in Betreff § 86 und 85, durch gute Männer zu entscheiden sind, deren jeder der Contrahenten einen zu ernennen hat, welche unter sich einen Obmann wählen. Kann eine Einigung hierüber nicht erreicht werden, so ernennt denselben das Magistratsgericht u. s. w. Gegen ein Erkenntniss dieser so gewählten guten Männer findet kein Rechtsmittel statt.

§ 86 bestimmt, dass die Unternehmer nach Ablauf der Contractdauer Alles auf öffentlichem Grund und Boden errichtete sofort zu entfernen und nicht ferner zu benutzen haben, wenn nicht vorher die Stadt sich mit ihnen über einen neuen Contract vereinigt oder den Ankauf der Anlagen beschliesst. Wird eine wiederholte öffentliche Concurrenz ausgeschrieben, so sollen die Unternehmer, bei gleichen Offerten, den Vorzug haben; will dagegen die Stadt die Anlagen erwerben, so müssen die Unternehmer dieselben gegen ein Aequivalent abtreten, welches durch vier, von beiden Theilen zur Hälfte zu ernennenden guten Männern und einem von diesen, event. von dem höchsten holsteinischen Gerichtshofe, zu wählenden Obmanne bestimmt wird. Der durchschnittliche Reinertrag der letzten 10 Jahre soll mit 5 pCt. capitalisirt und von dieser Summe die Unkosten abgezogen werden, welche durch Herstellung der Anlagen in einen Zustand, dass sie fernere 10 Jahre brauchbar sind, entstehen. Nach geschehener Taxation wird sich die Stadt über die eventuelle Uebernahme bindend erklären.

Die §§ 87 bis 89 enthalten allgemeine Bestimmungen, welche theilweise ohne grösseres Interesse sind.

Uebersicht des Betriebes der Maschinen in Blankenese im Jahre 1860.

Monat	Arbeitszeit			Kohlenverbrauch			Wasser-förderung.	Durchschnittsleistung		Kohlen-verbrauch	Wasser-förderung	Bemerkungen.
	Krankh.	Krankh.	Im Ganzen	Zum Anheizen	Während der	In Summa	Cubikf.	pr. Arbeitsminute				
								Leistung	Anstrengung			
Januar	94¾	46⅛	141½	10.500 ℔	36.220 ℔	46.720 ℔	730.973	256.₀ ℔	3104.₀ Cbm	44.₀₀ ℔	19.₀₀	341.341
Februar	77	18	95	9.300 ″	26.100 ″	35.400 ″	472.019	274.₅₀	4966.₀	43.₁₆ ″	18.₄₄	310.4356
März	47¼	62⅝	110¼	11.250 ″	31.900 ″	43.150 ″	625.671	299.₅₀	5675.₀	49.₀₀ ″	19.₄₀	356.351
April	56	40	96	6.400 ″	29.748 ″	35.148 ″	628.495	299.₅₀	6463.₀	56.₀₀ ″	21.₀₀	370.974
Mai	34¾	109¼	143¾	9.150 ″	36.130 ″	45.280 ″	976.944	252.₅₀	6819.₀	59.₀₀ ″	27.₀₀	464.746
Juni	66	98¾	164¾	11.200 ″	38.600 ″	59.800 ″	1.140.000	296.₅₀	6944.₀	60.₀₀ ″	25.₀₀	403.194
Juli	121	50¼	171¼	9.600 ″	42.850 ″	52.450 ″	1.161.634	296.₅₀	6765.₀	58.₀₀ ″	27.₀₀	465.949
August	69	125	194	10.300 ″	51.300 ″	61.900 ″	1.338.713	264.₄₀	6900.₀	59.₀₀ ″	26.₀₀	448.321
September	93	82¼	175¼	9.400 ″	47.900 ″	57.300 ″	1.215.485	272.₅₀	6925.₀	60.₀₀ ″	25.₀₀	436.143
October	79¼	40	119¼	9.600 ″	32.350 ″	41.950 ″	816.655	289.₀₀	6853.₀	58.₀₀ ″	23.₀₀	453.491
November	90¼	62⅝	153	10.900 ″	41.100 ″	52.000 ″	1.004.350	269.₀₀	6372.₀	57.₀₀ ″	24.₀₀	420.301
December	80	65¼	145¼	10.700 ″	39.650 ″	50.350 ″	924.570	272.₅₀	6354.₀	55.₀₀ ″	23.₀₀	401.706
	982²⁄₁₀	880¹¹⁄₁₀	1712²⁄₁₀	118.500 ℔	462.878 ℔	581.378 ℔	11.017.821	270.₀₀ ℔	6433.₀ Cbm	55.₀₀ ℔	23.₀₀	498.111

Resultate der Maschinenproben.

April 27/28.	24	—	24	5098 ℔	172.678	212.₄₀ ℔	7194.₀ Cbm	62.₀₀ ℔	3.₀ ℔	—	151.₀₀	382.170
Mai 3/4.	24	—	24	4675 ″	173.671	196.₄₀ ″	7236.₀ ″	62.₀₀ ″	3.₄₀ ″	—	26.₀₀	631.740
„ 8/9.	24	12	24	5613 ″	163.868	253.₄₀ ″	6827.₀ ″	59.₀₀ ″	3.₄₀ ″	—	29.₀₀	591.778
„ 14/15.	24	12	24	2310 ″	85.390	192.₀₀ ″	7115.₀ ″	61.₀₀ ″	3.₁₀ ″	—	36.₀₀	635.340
				2415 ″	59.621	200.₅₀ ″	4968.₀ ″	43.₀₀ ″	4.₀₀ ″	—	24.₀₀	424.325

Anlage III.

Provisorisches Regulativ.

nach welchem

die Gas- und Wasser-Gesellschaft auf Grund besonderer Vereinbarungen mit den Abnehmern gereinigtes Elbwasser zur Versorgung von Grundstücken in der Stadt Altona gegen Zahlung fester Beiträge und ohne Anwendung von Wassermessern liefert.

Die Gas- und Wasser-Gesellschaft liefert auf Grundlage des städtischen Contractes gereinigtes Elbwasser zum Preise von 6²/₃ Schilling Cour. pro 100 Cubikfuss — 10 Oxhoft (oder 1 β Cour. pro 15 Cubikfuss — 1½ Oxhoft) nach Wassermessern zur Versorgung von Grundstücken, welche innerhalb des Bereichs ihrer städtischen Leitungen liegen und mit diesen durch Zuleitungen in Verbindung gesetzt werden.

Um indessen besonders kleineren Abnehmern die Anlage von Wasserversorgungs-Einrichtungen möglichst zu erleichtern und ihnen ausser den Anschaffungskosten der Wassermesser auch die mit Anwendung und Unterhaltung derselben verbundenen Unbequemlichkeiten und Ausgaben thunlichst zu ersparen, ist die Gesellschaft bereit, in allen ihr geeignet scheinenden Fällen die Wasserlieferung für den regelmässigen häuslichen Bedarf auch ohne Anwendung von Wassermessern auf Grund besonderer Vereinbarungen mit den Abnehmern und gegen Zahlung fester Beiträge Seitens derselben eintreten zu lassen, und soll für solche Versorgungen das folgende Regulativ gelten:

§ 1. Das Wasser steht den Abnehmern fortwährend unter Druck zur Benutzung, mit Ausnahme zeitweiliger Unterbrechungen in der Versorgung einzelner Grundstücke, Strassen oder Districte. Gegen etwaige Unterbrechungen ihrer Wasserversorgung haben sich die Abnehmer daher durch Anlegung geräumiger zur Aufnahme des Wassers bestimmter Behälter (Reservoirs) thunlichst zu schützen, in welchen der Zufluss sich durch selbstwirkende Ventile mit Schwimmkugeln reguliren muss.

§ 2. Sollen Localitäten, welche höher als 100 Fuss über dem Nullpunkte der Elbe liegen, versorgt werden, so bedarf es getrennter Reservoirs für die unteren und oberen Geschosse, da die Gesellschaft nicht zu allen Zeiten das erforderliche Wasserquantum ausschliesslich in die oberen Geschosse zu liefern übernehmen kann.

§ 3. Der Wasserbedarf für das durch eine Zuleitung mit dem Strassenrohre verbundene Grundstück wird geliefert auf Grund einer mit dem Abnehmer oder event. mit dem Hauswirthe zu schliessenden Vereinbarung gegen halbjährliche Zahlung fester Beiträge, bei deren Bestimmung in jedem einzelnen Falle auf alle bestehenden Verhältnisse, welche bei Abschätzung des Wasserbedarfs in Betracht kommen, thunlichst Rücksicht genommen werden wird; im Allgemeinen aber sollen folgende Ansätze als Grundlage dienen:

In jedem zu versorgenden Grundstücke wird jährlich berechnet:
für jede bewohnte oder bewohnbare Localität, jedes Schlafzimmer, jede Küche
oder Waschküche . . . . Crt. β 2. 8 β*)

für jeden cultivirten Garten bis zu 2000 □Fuss Flächeninhalt . . . . „ 2. 8 „

für ein Wasser-Closet mit einmaliger vorschriftsmässig regulirter Spülung (I) . . „ 10. — „

für jedes fernere do., wo mehr als eines (zu demselben Wohnung gehörig) vorhanden. . . . . „ 5. — „

für ein Wasser-Closet mit doppelter oder anhaltender vorschriftsmässig regulirter
Spülung (mittelst Mechanik) [II]. . . . . „ 15. — „

für jedes fernere do., wo mehr als eines (zu demselben Wohnung gehörig) vorhanden . . . . „ 7. 8 „

für eine Badeeinrichtung mit Wanne etc. (I) . . . . „ 7. 8 „

für eine do. ohne Wanne (Badeschrank) [II] . . . . „ 5. — „

für jedes Pferd . . . . „ 2. 8 „

für einen vierrädrigen Luxuswagen . . . . „ 5. — „

für jeden ferneren do., wo mehr als einer vorhanden . . . . „ 2. 8 „

für einen zweirädrigen Luxuswagen . . . . „ 3. 12 „

für jeden ferneren do., wo mehr als einer vorhanden . . . . „ 1. 14 „

für jeden Luxuswagen oder Wagenstand in Wirthschaften, Miethställen etc. . . „ 2. 8 „

für jedes Stück Grossvieh . . . . „ 2. 8 „

für jeden Wasserpfosten oder Hahn, welcher mittelst anzuschraubenden Schlauchs
bei Feuersgefahr benutzt werden soll, ausser der Bezahlung für etwaige
anderweitige Benutzung, extra . . . . „ 7. 8 „

für jeden ferneren do., wo mehr als einer vorhanden . . . . „ 2. 8 „

Für Gasthöfe, Wirthschaften, und in allen Fällen, in welchen zum Geschäftsbetriebe
Wasser erfordert wird, findet ein verhältnissmässiger Aufschlag statt. Für Gärten bis zu
2000 □Fuss Flächeninhalt ist zu dem oben bemerkten Tarifpreise nur eine Verwendung des
Wassers zum Besprengen oder Begiessen, unter keinen Umständen aber ein Laufenlassen desselben
zur Berieselung oder zu sonstigen Zwecken gestattet. Soll das Wasser in grösseren Gärten zum
Besprengen oder in Treibhäusern zum Begiessen verwendet werden, so werden alle zu bespren-
genden Gartenflächen über das angegebene Flächenmaass hinaus mit 1¼ β Cour. pro 100 □Fuss,
und jedes Treibhaus mit 5 β Cour. pro 15 □Fuss jährlich berechnet.

Für etwa gewünschte Springbrunnen und dergleichen wird Wasser nur nach Wassermessern geliefert. Eine Benutzung des Wassers als Triebkraft ist nur dann gestattet, wenn sie
ausdrücklich bedungen ist.

§ 1. Die Vereinbarungen über Wasserlieferungen werden, wenn es nicht ausdrücklich
anders bestimmt wird, unter gegenseitigem Vorbehalte halbjährlicher Kündigung und zunächst
auf ein Halbjahr geschlossen, und zwar vom 1. Mai bis ultimo October und vom 1. November
jedes Jahres bis ultimo April des nächsten. Werden in den Zwischenzeiten Vereinbarungen geschlossen, so wird der Beitrag, vom 1. des laufenden Monats an gerechnet, bis zum nächsten
1. Mai resp. 1. November vorausbezahlt; fernerhin aber werden alle Beiträge halbjährlich am
1. Mai und 1. November pränumerando fällig und sind im Bureau der Gesellschaft zu zahlen.

§ 2. Kündigungen dieser Vereinbarungen müssen schriftlich erfolgen, und wird den
Abnehmern für jede solchergestalt im Bureau der Gesellschaft angebrachte Kündigung eine Bescheinigung ertheilt. Ist die Kündigung nicht rechtzeitig bis ultimo April oder ultimo October erfolgt, und, falls sie vom Abnehmer ausgeht, durch Bescheinigung vom Bureau der Gesellschaft
anerkannt, so prolongirt sich die bestehende Vereinbarung stillschweigend auf das nächste Halbjahr, und hat in solchem Falle bei einer Umschreibung des Grundstücks oder einem Wechsel der
Bewohner der bisherige Abnehmer für die Bezahlung des Beitrags und für sonstige aus der Pro-

---

*) 1 Thaler Pr. Cour. = 2 β 8 β Cour. = 40 Schilling; 1 β = 16 Schilling.

longation der Vereinbarung etwa hervorgehende Ansprüche der Gesellschaft so lange zu haften, bis die Vereinbarung vorschriftsmässig gelöst oder auf den neuen Abnehmer übertragen ist, unbeschadet der Geltendmachung solcher Ansprüche Seitens der Gesellschaft an den Letzteren als factischen Consumenten.

§ 6. Das von der Gesellschaft gelieferte Wasser darf unter keinen Umständen, weder für Geld oder Entschädigung, noch umsonst, an Andere als die Bewohner oder Inhaber der Localitäten, für deren Versorgung die Vereinbarung gilt, oder für ein anderes als das contrahirte Geschäft abgegeben, oder durch Nachlässigkeit oder Muthwillen vergeudet, oder zur Strassenbesprengung, Sielspülung, zu Springbrunnen etc., noch überhaupt zu anderen als den bei der Vereinbarung ausbedungenen und namhaft gemachten Zwecken verwendet werden.

§ 7. Wenn während der Dauer einer Vereinbarung über Wasserversorgung in dem betreffenden Grundstücke solche Veränderungen an Baulichkeiten oder in häuslichen oder wirthschaftlichen Einrichtungen vorgenommen werden, durch welche nach Maassgabe des Tarifs eine Erhöhung der jährlichen Beiträge bedingt wird, wie also z. B. die neue Anlegung von Zimmern, Küchen, Wasser-Closets, Badeeinrichtungen, Treibhäusern, Anschaffung oder Vermehrung von Vieh oder Wagen, Vergrösserung des Gartens u. s. w., so ist davon Seitens des Abnehmers sofort am Bureau der Gesellschaft schriftliche Anmeldung zu machen, damit eine neue Abschätzung stattfinden könne, und wird für eine jede solchergestalt gemachte Anzeige vom Bureau eine Bescheinigung ertheilt, ohne welche dieselbe event. als nicht geschehen betrachtet wird. Jede Unterlassung oder Verspätung solcher Anmeldung wird Seitens des Abnehmers als contractwidrig anerkannt und verpflichtet ihn, die Erhöhung des Beitrags mindestens für die Zeit vom Beginne des Halbjahrs, in welchem die Veränderung gemacht ist, nachzuzahlen.

§ 8. Die Zuleitungen zu den Grundstücken, sowie die dazu gehörigen Einrichtungen, wie Abschlussventile &c., werden, falls es mit den Abnehmern nicht anders vereinbart wird, Seitens der Gesellschaft auf Kosten der Abnehmer angelegt und im Stande gehalten, und steht, ausser in Nothfällen, Niemandem das Recht zu, ohne Einverständniss mit der Gesellschaft oder ohne Aufsicht ihrer Angestellten, irgend welche Veränderungen an diesen Einrichtungen vorzunehmen, insbesondere auch nicht die an den Zuleitungen in öffentlichem Grunde angebrachten Abschlussvorrichtungen zu öffnen oder zu schliessen, oder Einrichtungen, welche nicht mehr benutzt werden sollen, zu entfernen. Die Deckel der vor den Grundstücken befindlichen Abschlussvorrichtungen sind Seitens der Consumenten stets rein und besonders im Winter frei von Eis zu halten, so dass die Verschlüsse jederzeit leicht zugänglich bleiben.

§ 9. Die Einrichtungen zur Weiterleitung, Aufnahme und Benutzung des Wassers innerhalb der Grundstücke können die Abnehmer von einem beliebigen Mechaniker herstellen lassen; jedoch müssen diese Arbeiten, sowohl was die Art der Ausführung betrifft, als hinsichtlich der Beschaffenheit der dazu zu verwendenden Röhre, Reservoirs, Ventile, Zapfhähne, Closet-Einrichtungen &c., sowie auch etwaige spätere Veränderungen derselben im Einverständnisse mit der Gesellschaft und unter Controle ihrer Angestellten ausgeführt werden. Die solchergestalt vorschriftsmässig ausgeführten Anlagen müssen auch stets in vollkommen gutem Benutzungszustande erhalten werden, und haftet der Abnehmer für jeden Verlust an Wasser, welcher etwa durch schadhafte Röhren, undichte Hähne &c. entstehen sollte. Durch Ausübung einer Controle über Privatanlagen übernimmt die Gesellschaft jedoch selbstverständlich weder für Einrichtungen innerhalb der Grundstücke, noch für Zuleitungen zu denselben, welche mit ihrer Bewilligung von einem Mechaniker hergestellt werden, irgend welche Verantwortlichkeit hinsichtlich der Güte und Zweckmässigkeit der Arbeit, noch haftet sie für irgend welchen Schaden, der durch solche Anlagen oder in Folge derselben an öffentlichem oder Privat-Eigenthum etwa entstehen sollte.

Anleitung und Vorschriften hinsichtlich der Ausführung der Arbeiten sind in einer „Anweisung Betreffs Anlage häuslicher Wasserversorgungs-Einrichtungen" enthalten, von welcher der Abnehmer ein gedrucktes Exemplar ausser diesem Regulativ ausgehändigt erhält.

§ 10. Eine Lieferung des Wassers zur Versorgung von Grundstücken mittelst an der Strasse oder in offenen Höfen angelegter Zapfhähne ohne Anwendung von Wassermessern und gegen

Bezahlung der tarifmässigen Beiträge kann nur als jederzeit mit 6monatlicher Kündigung widerruf-
liche Vergünstigung in solchen Fällen geschehen, wenn dadurch Sahl- oder Hofwohnungen versorgt
werden sollen, für welche es unter den obwaltenden baulichen Verhältnissen weder thunlich ist,
eine Wasserleitung innerhalb des Hauses, noch einen Wassermesser anzubringen. Solche Zapfhähne müssen, wenn die Anlage Seitens der Baucommission erlaubt ist, nach den in der „Anweisung
Betreffs Anlage häuslicher Wasserversorgungs-Einrichtungen" enthaltenen resp. den von der Baucommission etwa hinzugefügten Vorschriften unter Controle der Angestellten der Gesellschaft angelegt. und das Trottoir, in welchem sich der Deckel der Abschlussvorrichtung befindet, Seitens
der Consumenten stets rein und im Winter frei von Eis gehalten werden.

§ 11. Jede contractwidrige Abgabe, Verwendung oder Vergeudung des Wassers (§ 6),
jede ohne Vorwissen oder Controle der Gesellschaft gemachte Veränderung an der Zuleitung oder
den häuslichen Wasserversorgungs-Einrichtungen, sowie jede Vernachlässigung hinsichtlich der
Instandhaltung dieser Einrichtungen, durch welche ein Verlust an Wasser herbeigeführt wird (§§ 8
und 9) unterwirft den Abnehmer einer Conventionalstrafe von 30 ß Crl., welche im Wiederholungsfalle
verdoppelt wird.' Derselben Strafe unterwirft ihn auch jede Unterlassung der rechtzeitigen Anmeldung
von solchen Veränderungen an Baulichkeiten oder in häuslichen Einrichtungen &c. (§ 7), durch
welche nach Massgabe des Tarifs eine Erhöhung der Beiträge bedingt wird. Bei öfteren Contra-
ventionen bleibt ausserdem der Gesellschaft die gänzliche Aufhebung der Vereinbarung ohne irgend
welche Entschädigung für bereits gezahlte Beiträge oder gemachte Anlagen unbenommen. Die
Gesellschaft wird nach Massgabe des Vergehens entweder die Conventionalstrafe verhängen, oder
den Rechtsweg beschreiten.'

§ 12. Den Angestellten der Gesellschaft soll der freie Zutritt zu den Orten, Räumlich-
keiten oder Gebäuden, in welchen Wasserleitungs- oder Wasserbenutzungs-Einrichtungen irgend
welcher Art angebracht sind, sowie deren Besichtigung zu jeder Tageszeit freistehen. Sobald die
Gesellschaft sich überzeugt hat, dass eine Verletzung des Contracts erwähnter Art stattgefunden
hat, so wird dem Abnehmer der Wasserzufluss abgesperrt und erst dann auf seine Kosten wieder
hergestellt, wenn die Strafe bezahlt ist und etwaige Entschädigungs-Ansprüche der Gesellschaft
befriedigt sind.

§ 13. Ausserordentliche Umstände, welche etwa die Wasserversorgung stören sollten,
wird die Gesellschaft selbstverständlich in ihrem eigenen, wie im Interesse ihrer Abnehmer so
schnell wie irgend möglich zu beseitigen bemüht sein, sie kann jedoch in keinem Falle die Verpflichtung übernehmen, Schadenersatz zu leisten für Nachtheile, welche für die Abnehmer durch
solche Störungen etwa entstehen möchten.

§ 14. Etwaige aus der Erfahrung sich ergebende Modificationen der vorstehenden provi-
sorischen Bedingungen und Vorschriften behält sich die Gesellschaft ausdrücklich vor.

Altona, den 1 April 1859.

Die Gas- und Wasser-Gesellschaft.